13 LÉGENDES URBAINES

Nicolas Jaillet - Olivier Lhote - Alain Venisse
Illustrations de Martin Desbat

Editions Lito

13 LÉGENDES URBAINES

Nicolas Jaillet

LA DEMOISELLE BLANCHE

On raconte que des automobilistes
ont eu un accident après avoir pris en stop
une étrange jeune femme vêtue de blanc.
Elle disparaît mystérieusement
après avoir poussé un cri.
A-t-elle provoqué l'accident ?
Ou voulait-elle prévenir le conducteur
d'un virage dangereux ?
On l'appelle la Dame blanche.

LA DEMOISELLE BLANCHE

→ 1

– Moi, ça fait dix-sept ans que je fais le taxi...

En effet. Fred faisait le taxi depuis dix-sept ans. À ses débuts, il était convaincu qu'il garderait toujours la tête sur les épaules. Il ne finirait pas comme ces types qui se mettent à parler dans le vide, faisant à la fois les questions et les réponses ; ces types qui déblatèrent sur le temps qu'il fait à Paris, la nuit au mois de décembre ou sur la hausse du prix des carburants. Par exemple, on ne l'entendrait jamais prononcer une phrase qui commence par : « Moi, ça fait X années que je fais le taxi... ».

Les clients, en général, ne s'y trompent pas. Dès qu'ils entendent ces mots, ils se tournent vers la vitre et hochent la tête avec un « hum hum » qui n'est ni approbateur, ni contestataire, ni rien. Ils esquivent. Ils ont bien raison.

Fred se l'était juré. Il ne se mettrait jamais à déblatérer. Il ne serait jamais comme ces zombies.

C'était chose faite. Dix-sept ans de service de nuit ; cinq mille tours de cadran, du crépuscule à l'aube ; un peu plus de deux cent cinquante mille paires de fesses essuyées sur la banquette de ses huit véhicules successifs... Dix-sept années au service de la nuit, et Fred s'était mis à parler tout seul, comme les autres. C'était venu petit à petit. Il n'avait rien senti venir.

– Ça fait dix-sept ans que je fais le taxi, et je peux vous dire une chose…

Fred s'était garé en double file. Il avait annoncé le prix de la course. Le client lui avait tendu un billet de vingt.

– Je peux vous dire une chose…

Fred fit glisser quelques pièces dans le creux de sa paume et commença de compter la monnaie. Qu'est-ce qu'il voulait dire, déjà ?

– Je peux vous dire une chose…

Dix-sept soixante. Sur vingt, ça faisait deux quarante. Fred avait complètement oublié de quoi ils parlaient, avant. Aucune importance. Il enclencha le pilote automatique.

– … Je peux vous dire une chose, c'est que les prix, une fois que c'est monté, ça redescend jamais. Vous prenez l'essence, par exemple, en quinze ans de taxi, je peux vous dire…

Fred pivota vers l'arrière. La portière se refermait. L'homme avait marmonné quelque chose, et il était parti. Fred tenta de le repérer dans le rétroviseur, mais l'homme avait fondu dans la nuit. Il rangea sa monnaie et redémarra.

→ 2

Il s'était arrêté au pied de la butte Montmartre. Il pouvait aller à la pêche aux touristes, du côté du Sacré-Cœur, ou bien rejoindre la borne la plus proche, place de Clichy. Il jeta un coup d'œil à l'horloge. Minuit moins dix. La pluie se mettait à tomber. Il fallait oublier la place du Tertre, les touristes étaient tous à l'abri. Au bout de la rue Durautain, Fred prit à gauche et s'engagea sur le pont, au-dessus du cimetière.

Elle était là, la première fois. Sur le trottoir opposé. Elle lui faisait signe. Enfin, Fred eut le sentiment qu'elle lui faisait signe. Elle avait juste levé la main ; on aurait dit qu'elle le saluait. Fred poursuivit sa route. Il était mal à l'aise, sans savoir pourquoi. Oh, ce n'était pas la première fois, en dix-sept ans de taxi, qu'il faisait le mort pour éviter de prendre un client qui ne lui revenait pas.

Mais cette jeune femme, cette jeune fille... Pourquoi ne l'avait-il pas prise ? Fred l'observait maintenant dans le rétroviseur. Elle était bien habillée, même si sa tenue n'était pas de saison. Sa longue jupe, et la veste assortie, accrochaient étrangement la lumière du réverbère, comme dans les boîtes de nuit équipées de ces néons noirs qui font ressortir les dents et le blanc des yeux des danseurs. Non, ce n'était pas ça. Ce qui était bizarre...

Un bruit d'avertisseur rappela Fred à sa conduite. Il avait gardé les yeux une seconde de trop sur le rétroviseur. Le taxi s'était déporté vers la gauche.

Une voiture arrivait en sens inverse, en donnant des appels de phares. Fred l'esquiva et se rétablit. Il croisa le regard effaré du conducteur, au moment où ils s'évitaient de justesse.

Fred soupira. Qu'est-ce qu'il lui prenait ? Qu'est-ce que c'était que cette erreur de débutant ? Est-ce qu'il avait besoin de repasser son permis ? On ne traîne jamais sur le rétroviseur : on fait une prise d'informations, brève et rapide. Première leçon d'auto-école... Fred arrivait au bout du pont. Le feu passa au rouge, il s'arrêta.

Il tenta de se concentrer. Quelque chose le chiffonnait, avec cette jeune fille. Il la cherchait des yeux, en faisant pivoter le rétro. Il savait que c'était stupide. Il ne la voyait plus. Oui, quelque chose le chiffonnait. Peut-être le fait qu'il n'avait pas pu voir son visage. Quand le taxi était arrivé à sa hauteur, elle s'était tournée vers lui, mais elle s'abritait sous une sorte de châle blanc, de voile... Ça le contrariait. Pourquoi ?

Fred baissa sa vitre. Il se tordit le cou vers le milieu du pont, où la fille se tenait quand il l'avait croisée. Il ne pouvait rien voir. Il défit sa ceinture, ouvrit sa portière et sortit. Une file de voitures s'était arrêtée derrière lui. Les gens klaxonnaient. Le feu était vert. Fred se rassit à sa place. Il démarra, et remit sa ceinture ensuite, tout en roulant. N'importe quoi.

Il descendait maintenant le boulevard de Clichy. Il atteignit la place. Minuit, au mois de décembre, un jour de semaine, il n'y avait pas foule. Les collègues faisaient la queue, la plupart d'entre eux avaient quitté leur véhicule. Ça ne tournait pas. Fred compta huit voitures à l'arrêt. Il connaissait tous les chauffeurs. Un autre jour – une autre nuit, plus exactement –, il se serait bien arrêté un moment, histoire de papoter un brin. Mais il n'avait pas le cœur à ça. Il finit son tour du rond-point et reprit la direction du cimetière de Montmartre.

Cette fille le mettait mal à l'aise, il fallait qu'il y retourne. Il ne pouvait pas la laisser là, debout, dans le froid. Il ne savait pas pourquoi.

Si. Il savait. À cause de Clo. Avec sa posture de madone des alpages, sa robe de princesse égarée sur un trottoir mouillé au milieu de la nuit, cette jeune fille inspirait à Fred un sentiment de familiarité. Il savait maintenant pourquoi : il connaissait cette fille. Il avait la même à la maison.

➔ 3

Fred fut bientôt sur le pont. Il leva le pied. La jeune fille n'était plus là. Parfait. Quelqu'un l'avait emmenée. Elle était au chaud, au sec, elle allait rentrer chez elle.

Fred stoppa au feu à l'autre bout du pont et tourna le bouton de la radio. Il avait besoin de se changer les idées. La première station qu'il trouva diffusait la météo marine, en boucle.

Fred laissa la main en suspens. Une idée lui venait, une idée désagréable. Il pensait à cette fille, encore et encore... Et si le type qui l'avait prise était un malade ? Si, le lendemain en ouvrant son journal, Fred découvrait la photo d'une fille de l'âge de la sienne, battue, violée, jetée du haut du pont, fracassée entre les tombes ? Fred s'ébroua, changea de station, engagea la première, évita de démarrer à la dernière minute : le feu était encore rouge.

Il était en train de délirer. Il fallait qu'il prenne des vacances. Il travaillait trop. Cette jeune personne n'était pas sa fille, elle ne lui ressemblait même pas. Il pouvait lui arriver des tas de choses, d'accord, mais Fred n'en était pas responsable. Il n'avait pas à se tracasser pour elle.

Quand le feu passa au vert, il continua tout droit dans la rue Caulaincourt. Non, il n'avait pas à s'en faire pour elle. Ce n'était pas sa fille, pour la bonne raison que sa fille ne traînait pas dans les rues, à Paris, la nuit. Clo n'était pas comme ça, elle ne serait jamais comme ça, pour la bonne raison que son père avait fait tout ce qu'il fallait pour qu'elle soit heureuse, et qu'elle réussisse en classe, et qu'elle dorme d'un sommeil paisible, quand lui...

Fred pila. Les pneus gémirent sur le sol mouillé. L'Alfa qui lui collait au train depuis qu'il s'était engagé sur le pont déboîta en klaxonnant. Fred s'en fichait. Ce n'était guère que le troisième accident qu'il avait failli provoquer en l'espace de cinq minutes.

Elle était là.

Même posture, même tenue, même voile sur la tête. Au milieu de la rue Caulaincourt. Près d'un kilomètre après le milieu du pont, où Fred l'avait vue la première fois. Il attendit un instant qu'elle se décide à le rejoindre. Elle s'était tournée vers lui, il ne voyait toujours pas son visage. Elle ne bougeait pas. La rue était déserte, maintenant. Fred engagea la marche arrière. Le taxi recula de quelques mètres et s'arrêta à hauteur de la fille en blanc. La portière s'ouvrit. La passagère se glissa à l'intérieur. Elle referma la portière, sans un mot.

D'habitude, les clients indiquaient leur direction avant même de monter. Elle, non. Ça n'avait aucune importance. Fred haussa les épaules et démarra.

Il se sentait bien. Il était content que personne ne l'ait prise, au fond. Peut-être qu'elle n'avait pas d'argent, peut-être qu'elle allait lui faire le coup du distributeur : prétendre qu'elle devait tirer des sous pour le payer, et partir en courant... Ça non plus, ça n'avait pas d'importance. Il avait envie de l'aider, de la protéger. Il voulait qu'elle rentre chez elle, il voulait qu'elle soit au chaud, au sec, en sûreté.

– Vous allez où ?

La jeune femme leva la main pour indiquer la route.

Tout droit. Elle portait des mitaines en dentelle blanche, et du vernis noir sur les ongles. Clo s'était acheté le même, pour faire comme les copines.

Fred avait fait la gueule. Il s'en voulait maintenant.

Fred se contenta d'acquiescer ; il poursuivit sur le boulevard. Elle ne voulait pas parler, elle était peut-être timide, ou muette. Ça n'avait pas d'importance.

– J'ai une fille, dit-il. Un peu comme vous. Elle passe le bac, cette année. Ça me rajeunit pas...

Il s'était mis à parler sans réfléchir. La présence de cette jeune femme lui faisait l'effet d'un alcool fort. Un coup de fouet d'abord, et maintenant une sensation de chaleur, de détente, peut-être injustifiée... Elle n'était pas comme les autres clients ; elle ne s'était pas tournée vers la vitre. Il n'avait toujours pas vu son visage, mais Fred avait l'impression qu'elle le regardait, qu'elle portait son attention sur lui, qu'elle l'écoutait. Il pouvait lui dire ce qu'il avait sur le cœur, ce qui comptait vraiment pour lui. Elle l'écoutait.

Sans s'en rendre compte, Fred avait dépassé légèrement la limite de vitesse. Une belle euphorie le gagnait. Il faisait quelque chose d'utile. Quelque chose de bien. Il atteignit le carrefour et tourna à droite, d'instinct. D'un coup d'œil dans le rétro, il interrogea sa passagère. Elle répondit d'un hochement de tête. Il avait deviné.

– Elle s'appelle Clotilde. Elle est... C'est une fille bien. Je veux pas dire bien élevée, et tout. Pas seulement. C'est quelqu'un de bien. Une fois – ça fait longtemps, maintenant –, je l'ai emmenée en Bretagne, elle était petite, elle devait avoir dix, onze ans. On a fait tout le tour de la côte : le Mont-Saint-Michel, Brest, Le Guilvinec... On était tous les deux tout seuls. Sa maman... Enfin sa mère, enfin... On était tout seuls. Vous me croirez si vous voulez, c'était les plus belles vacances de ma vie. Déjà, à l'époque, elle avait une conversation impressionnante. Bon, c'est sûr que maintenant...

Fred avait pris l'avenue Junot. Pas un chat. Il passa la quatrième.

– Maintenant c'est plus pareil, disons qu'elle a grandi. Elle a beaucoup de boulot à l'école, enfin, au lycée. Elle a raison. Elle veut travailler, elle veut réussir, elle a ses copines, et puis, c'est l'adolescence et tout ça, alors on se parle un peu moins. Mais il paraît que ça passe, alors, bon. Y a quelque chose qui va pas ?

La jeune femme s'était penchée en avant ; on entendait un froissement de tissus. Elle se redressa. Fred la vit dans le rétro, il sentit un arc électrique glacial lui traverser les reins. Elle avait relevé son voile. Elle le regardait. C'était elle. Clotilde. Elle le regardait calmement, elle se contenta de lui dire :

– Faites attention au virage.

Fred se tourna vers le pare-brise, et écrasa le frein. Le virage de l'avenue Junot était célèbre, pourtant. Il l'attaquait à plus de soixante-dix, il n'aurait jamais le temps de ralentir suffisamment.

Il allait se précipiter dans les platanes. Les roues se bloquèrent, le taxi glissait sur l'eau. Fred essaya de changer de tactique. Il lui restait une demi-seconde. Il débraya. Point mort. Quatrième, seconde. Le moteur hurla. Il ralentit légèrement, reprit le contact avec la route. Ça allait passer. Sauf qu'il avait complètement déboîté. Il était au milieu de la voie de gauche. Fred vit les deux phares se précipiter sur lui, il entendit le hurlement des avertisseurs. Pour éviter le choc, il n'avait plus le choix. Les platanes.

Fred tira le frein à main, tournant vivement le volant vers la gauche ; le taxi bascula, et pendant quelques secondes, il n'y eut plus que le chaos.

→ 4

La rue, les arbres, les voitures, les réverbères, tout le paysage s'était mis à danser, pendant que le pare-brise volait en morceaux. Fred eut juste le temps de se protéger le visage avec les mains, contre les éclats qui s'engouffraient dans l'auto en dansant. Tout dansait. Les platanes, les voitures, les réverbères... Une horrible, une éblouissante danse de mort.

Quelque chose explosa contre la poitrine de Fred, le comprimant contre son siège. C'était l'airbag. Puis il y eut une succession de chocs, droite-gauche, avant-arrière. Puis la voiture s'arrêta, en équilibre sur le capot, encastrée dans quelque chose. Fred avait les pieds en l'air, la tête en bas, il respirait avec peine. La portière gauche était enfoncée en profondeur. Il avait du mal à bouger, et ce n'était pas seulement à cause de l'airbag.

Quelque chose se répandait le long de sa hanche, coulait vers son torse, dans son cou. Fred comprit, quand le liquide poisseux s'insinua entre ses lèvres et qu'il reconnut le goût ferreux. Il saignait. Pas qu'un peu. Il vit sur le plafond les gouttes qui tombaient, une à une, ruisselant le long de son nez. Il s'évanouit.

Il reprit connaissance. Il était allongé sur le dos, engoncé dans du plastique. Un type à califourchon sur sa poitrine lui hurlait des trucs, le giflait. Fred ne sentait presque rien.

– On se réveille, monsieur, on se réveille ! Oui, c'est bien ! Vous vous appelez comment, monsieur, vous vous appelez comment ?

Fred battait des paupières. L'homme braquait sur lui une lampe torche. Il avait un casque étincelant, un casque de chevalier. Fred ouvrit la bouche et tira la langue. L'homme au casque d'argent, le chevalier, eut un cri de joie, on aurait dit qu'il avait gagné au Loto.

– Oui, vous voulez me parler ? Parlez-moi, monsieur, parlez-moi ! Allez, on parle, allez !

– La jeune femme... La jeune femme en blanc...

– Quelle jeune femme, monsieur, quelle jeune femme ? hurla le chevalier Du Guesclin, l'homme au casque d'argent.

– Celle qui était avec moi... Dans le taxi...

– Il n'y avait pas de jeune femme avec vous, monsieur, personne !

– Ah... C'est bien, ça...

– Elle était comment, cette jeune femme, monsieur ? Comment elle était ? Racontez-moi !

Fred baissa les paupières. Il n'avait plus envie de parler. Il avait envie de faire une petite sieste. Du Guesclin recommençait à lui mettre des gifles, mais Fred s'en fichait, ça lui faisait même pas

mal. La voix du chevalier au casque d'argent s'estompait.
– Il faut y aller, maintenant, on le perd, on le perd !
Il avait repris son cheval, il caracolait dans la rue Lepic en hurlant :
– Ooon l'peerd... Ooon l'peerd... toon pèère... toon pèère... poon... pèère... poon... piiiin... poon... piinpoon... pinpon... pinpon...

→ 5

Fred était assis sur une plage. Il faisait beau et chaud. Son taxi était là, à moitié enfoncé dans le sable. L'aile gauche était complètement tordue. Le capot était froissé, ouvert ; le moteur aussi baignait dans le sable. Pas grave. Pas grave du tout. Fred savait que les crabes allaient s'en charger. Les crabes allaient le réparer. Ils étaient forts, les crabes, ils faisaient un sacré boulot.

Clotilde était là aussi, debout, devant lui. Elle parlait à une femme aux cheveux verts, très belle, toute nue. Elles le regardaient, toutes les deux. Clotilde portait une blouse blanche. Une blouse de médecin. Et un stéthoscope autour du cou. Elle avait bien fait de travailler à l'école. Elle avait rudement bien travaillé ; rudement vite, pendant que Fred faisait le taxi. En une nuit, elle avait passé le bac, elle était devenue médecin. Fred avait eu raison de faire le taxi. Il ne savait pas qu'elle avait travaillé aussi vite, aussi bien.
Elles avaient l'air préoccupé, toutes les deux, elles le regardaient d'un drôle d'œil.
– Il faut lui parler, disait la femme.
– Vous croyez qu'il m'entend ? demandait Clotilde.
– Ça n'a pas d'importance, disait la femme.

– Allez, je vous laisse.

L'infirmière posa délicatement la main sur l'épaule de la jeune fille, et s'esquiva. Clotilde avait la gorge serrée. L'infirmière avait senti, peut-être, qu'elle n'allait plus tenir longtemps. Elle avait choisi le bon moment pour sortir. Elle connaissait son métier.

Clotilde était là, au milieu de la pièce, debout devant le lit. Et dans le lit, un homme était allongé. Cet homme était son père. Il était couvert de bandes, de plâtres. Les rares parcelles de peau qui débordaient des plâtres étaient tachées d'ecchymoses. Il avait des tubes pour manger, des tubes pour respirer, des tubes pour se calmer, pour apaiser sa douleur. Il était tout en tubes.

Clotilde sentit la poche d'eau salée qui l'oppressait depuis le matin se déchirer. Ce fut un grand soulagement. Quand elle était petite, elle se demandait parfois à quoi servent les larmes. Elle le savait, maintenant. L'eau salée se déversait sur ses joues ; des torrents gélatineux dégoulinaient de ses narines. Elle sanglotait comme une bécasse, poussant de temps en temps de petits glapissements d'animal apeuré. Le chagrin qui lui tordait le ventre depuis plusieurs heures s'estompait. Clotilde se laissa tomber à genoux et gémit, la tête entre ses mains. Elle se fichait pas mal de sa dignité. Qu'est-ce que ça pouvait bien faire ? Personne n'était là pour la voir.

Quelques minutes passèrent ainsi. Clotilde se mit debout, en se pendant aux montants du lit. Elle essuya sa morve d'un revers de manche, et vint s'asseoir au chevet de son père. Elle aurait voulu prendre sa main. Faute de mieux, elle étreignit les doigts qui dépassaient du plâtre, à l'extrémité de son bras gauche.

Les médecins qui avaient opéré Fred étaient fiers du résultat. Leur patient ne leur avait pas claqué entre les doigts. Ils avaient réussi à le maintenir dans un état mitigé. Mi-vivant, mi-mort. Il pouvait se réveiller, ou ne pas se réveiller. C'était ce que l'infirmière venait d'expliquer. En attendant, il fallait lui parler. Ça avait peut-être un sens thérapeutique, dans le fond on n'en savait rien, mais quand la science avait fait tout ce qu'elle pouvait, les proches parents étaient invités à parler au blessé. Au pire, ça ne pouvait pas lui faire de mal.

Clotilde resta un long moment interdite. Elle se demandait ce qu'elle pourrait bien dire à son père, pour le soulager. Puis elle en vint à se demander ce qu'elle pouvait lui dire qui la soulagerait, elle. Et là, une autoroute s'ouvrit devant elle.

Clotilde prit une grande bouffée d'air, elle leva les yeux au plafond, et se lança. Elle se mit à parler, toute seule, dans la chambre d'hôpital, et le timbre léger, calme de sa voix la surprit.

→6

– J'ai toujours su que j'aimais mon père. Mon papa. Maintenant je le sais encore mieux que d'habitude, et si tu veux bien, si tu peux, essaie de mourir un autre jour. Parce que j'ai des choses à te dire, et j'aimerais bien avoir la force de te les dire en face, en te regardant bien dans les yeux. Voilà. Je suis une bonne élève, une fille correcte. Je ne fume pas, je ne bois pas, je ne me drogue pas. Je ne sors pas le soir sans ton autorisation, mais il faut que tu saches...

Clotilde sentait ses larmes remonter à l'assaut, elle prit sur elle et soupira, trois fois de suite. Elle serrait entre ses deux mains jointes les doigts inertes ; elle n'avait pas fini. Il fallait qu'elle finisse.

– Voilà. J'ai rencontré un garçon, et la nuit, je dors chez lui. Je l'aime, il m'aime, sa famille m'a adoptée. Pour eux, c'est naturel. Voilà, je voulais te dire ça, et maintenant que c'est fait, je trouve que c'est incroyable, à quel point c'était simple, au fond, de te le dire. Le soir, quand tu partais avec ton taxi, je faisais semblant de rien, mais en fait, c'était insupportable de rester toute seule. Maintenant, ça va mieux. Je dors chez Mathieu – il s'appelle Mathieu – et ça va bien. Je mets le réveil tôt, je rentre à la maison, je me couche, et je fais semblant de rien. Sauf que j'ai passé la nuit chez les voisins, et ça me tue de savoir que tu es le seul à ne pas le savoir. Ce que je voudrais maintenant...

Les larmes s'étaient remises à couler sur les joues de Clotilde, elle n'y pouvait rien, mais comme elle n'essayait pas de lutter, du coup, ça ne lui valait ni soulagement ni peine, elle faisait avec. C'était juste un petit fleuve, paisible, sur ses joues.

– Ce que je voudrais maintenant, tu sais, c'est qu'on refasse une virée ensemble, comme celle qu'on a faite en Bretagne, y a longtemps, quand j'étais petite. Si on faisait quelque chose comme ça, j'aurais peut-être la force de t'en parler. Je sais pas pourquoi.

Clotilde se leva, brusquement. Elle se sentait étrangement soulagée, légère, et pourtant, il fallait qu'elle parte, il fallait qu'elle quitte cette chambre à tout prix, immédiatement. Il fallait qu'elle aille dehors, respirer l'air à pleins poumons.

La porte claqua et la chambre fut vide. Le silence était revenu. L'homme allongé sur le lit ne bougeait pas ; on aurait pu le croire mort. Sous ses paupières, ses yeux s'agitaient comme, au milieu du sommeil, les pupilles d'un rêveur. Ce genre de symptôme n'est pas spectaculaire, mais dans le cas d'un patient comme Fred, plongé dans un coma profond, les spécialistes y voient le signe éventuel d'un retour à la vie.

13 LÉGENDES URBAINES
Olivier Lhote
BIENVENUE DOUGLAS

Un couple aurait ramené un chiot
de vacances à l'étranger.
Au fil des mois, l'animal grandit,
ses griffes poussent,
son museau et sa queue s'allongent.
La bête est en fait... un énorme rat !

BIENVENUE DOUGLAS

→ 1

La boue s'agglutine sous mes semelles et la pluie qui raye le ciel alourdit mon blouson. Le soleil n'a pas montré son museau de la journée. Je traverse le terrain vague aux allures de champ de bataille. Le projet de centre commercial abat les immeubles les uns après les autres. Il en reste un. Une tour, celle des assurances AAP. Elle se dresse fièrement au milieu des ruines. Les jeunes du quartier ont crevé ses yeux vitrés à coups de caillasses. Mais nous, avec les potes, on l'aime cet immeuble. Les ascenseurs sont cloués au sol comme une escadrille d'avions bombardée dans son sommeil. On ne les utilise plus et pour rejoindre notre quartier général, on grimpe dix étages à pied. On aurait pu s'installer tout en haut de la construction, mais les bureaux étaient détruits. Au dixième, on a trouvé une pièce presque intacte avec tables, chaises, fauteuils et même un frigo. Sans électricité bien sûr, mais on y stocke quand même notre Coca.

Je crois que je suis le dernier. Je suis vraiment en retard. C'est de la faute de mes vieux. Ils se prennent la tête tous les jours. Quand je ne suis pas là, je m'en fous. Mais leurs engueulades devant moi, ce n'est plus possible.

– J'ai pas raison Dimitri ? Ton père il n'a pas dit ceci ou cela, la semaine dernière ?

– Je m'en fous de vos histoires, je leur réponds. C'est pas mon problème ce qu'il a dit ou pas. De toute façon, il n'a jamais tenu une seule promesse, et toi non plus 'man.

Et c'est comme ça tout le temps. Le pire, c'est quand ils m'empêchent de sortir de la maison, comme aujourd'hui.

– Tu restes ici ! gueule mon père. J'ai quelque chose à te dire à toi aussi. Mais je finis avec ta mère.

Elle a bien fait, ma sœur, de déserter la maison. À dix-huit ans, elle a mis les voiles. Hey ! Je n'ai pas dit dix-huit ans et un jour. Pour l'anniversaire, elle avait sa valise à la main et leur a jeté en pleine face :

– Je m'en vais, je vous supporte plus !

Mon père n'a pas eu le temps de lui allonger une claque, elle courait déjà dans l'escalier. Mais aujourd'hui, elle me manque. La webcam et les mails ne remplacent pas tout. Je ne bosse plus en cours ; les devoirs sans ma sœur, c'est le bagne. J'aimais bien faire mes maths dans sa chambre. On fermait la porte et on se retrouvait dans un univers à nous. Nadège avait collé des posters du monde entier sur ses murs. Ça me donnait envie de travailler, toutes ces photos. « Bosse dur, Dimi, je me disais, et tu pourras t'offrir des voyages pour découvrir les océans salés et les mers de sable. » Dans sa piaule, j'avais l'impression de renifler les épices d'Afrique, la terre humide d'Orient et les grands vents du Pacifique. J'imagine que je ne sentais que le parfum de ma frangine, mais j'y croyais. Aujourd'hui, quand je rentre dans la chambre, il ne se passe plus rien. Quelqu'un a éteint la lumière. J'entends encore Nadège me donner les solutions des problèmes en insistant sur ma nullité :

– Mais t'es vraiment nul comme mec, toi ! Tu sais pas faire une fraction ?

Elle sourit et ses yeux disent tout l'inverse de ses mots. Moi je lis dedans et je comprends que je suis son petit frère adoré.

Elle me manque, ma sœur... Ça fait un an qu'elle est partie. Et pas tout près. Elle a rejoint les posters : elle vit en Australie. Pendant tous ces mois, elle m'a fait partager ses galères, ses randonnées, ses bivouacs. Je suis mégafier d'elle. Une grande sœur aventurière, vous n'imaginez pas la classe. Elle a tout vu là-bas, les kangourous évidemment, mais aussi plein de bestioles superbizarres. C'est comme ça, l'Australie, un pays immense peuplé d'animaux vraiment étranges. Il n'y a qu'à regarder les koalas ou les opossums. Nadège m'a envoyé des tonnes de photos. Je vais les imprimer et me faire un album. La bonne nouvelle, c'est qu'elle revient dans un mois. Mes parents ne sont pas au courant. De toute façon, elle ne sait même pas si elle passera à la maison. Elle a connu un garçon là-bas, un Français. Ils reviennent s'installer ici. Je l'ai su la semaine dernière par un mail où elle disait qu'elle me rapportait une surprise. « Un copain pour discuter quand les parents te feront chier », elle avait marqué. Hier, j'ai reçu une photo sur mon téléphone et quelques explications de plus. Il s'appelle Douglas ! Mais je peux changer de nom si je veux. Le petit ami de Nadège l'a trouvé sous des planches de bois, à moitié crevé. Il a réussi à le sauver en le nourrissant avec de la bouillie pour bébé. Je suis trop content, un chien à moi. Mon père va hurler, comme d'habitude, mais cette fois ce sera différent. Nadège m'a dit : « Le père te garde avec Douglas ou bien tu viens vivre avec nous ». Trop top !

Je distingue de la lumière au dixième étage de la tour. Les lampes torches de Zeb et Manu balayent le plafond. J'y serai dans dix minutes, le temps de gravir les marches. Depuis six mois, on se retrouve ici. Avant, on organisait nos réunions dans les caves de la cité, mais on s'est fait virer par un vigile. On est vachement mieux ici. On se sent chez nous. Je me charge d'apporter le Coca et parfois une bière, quand je peux en piquer une à mon paternel. Zeb s'occupe du repas parce que ses parents tiennent un restaurant. Et Manu se charge de la musique et un peu des boissons aussi. Deux soirs par semaine, on se retrouve et là, on rhabille la planète.

Les filles... « Hey ! T'as vu Chloé comme elle était moche avec ses boutons sur le front hier ? – Arrête, j'en pouvais plus de me marrer en maths. »

Les mecs... « Il est trop naze Valentin avec son chapeau sur le crâne, genre "je suis un artiste". – T'as raison, on va lui faire bouffer un jour. »

Et les profs, et les parents et tous ceux qui ne comprennent rien à notre vie. Et quand on a fini de tailler un costard à tout le monde, Manu se lève, sort un nouveau CD de son sac et dit :

– Vous allez écouter la galette que j'ai gravée, c'est mortel.

On lui fait confiance pour le choix des morceaux. Manu, sur Internet, c'est comme ces mecs qui traînent dans la cité, prêts à voler un téléphone, un MP3 ou un scooter. Lui, il se balade partout, trouve des sites incroyables, fait sauter toutes les protections, tous les mots de passe ; il télécharge tout ce qu'il veut. Manu est le roi de l'ambiance gothique. Il nous trouve des musiques terribles avec des violons et des orgues qui nous dressent les cheveux et tous les poils du corps au garde-à-vous. On adore se faire peur dans notre repère. Déjà que l'immeuble est désert, à part les rats qui partagent les étages avec nous. Mais quand il pousse le volume avec ses musiques de films d'horreur, on n'en mène pas large.

J'y suis maintenant. Je pousse difficilement la porte du bas, elle couine comme ma vieille voisine, toujours coincée du dos. La pluie n'en finit pas de hachurer le ciel et la ville.

➔ 2

– Qu'est-ce que tu fais ? T'es vachement en retard...

Zeb m'engueule mollement. Je lui décoche une moitié de sourire pour me disculper.

– Te tracasse pas mon pote, me rassure-t-il. J'ai les mêmes chez moi.

Leur derrière enfoncé dans un fauteuil moelleux et les pieds sur le bureau, mes deux copains ressemblent à des truands en passe de faire un mauvais coup. Ils terminent leur verre et me font signe de les rejoindre.

– Vous me faites rire les gars. C'est un rendez-vous de la Mafia ce soir ?

Ils rigolent et Manu me sert une rasade à moi aussi. On est bien dans notre chez-nous. La lune verse un peu de lumière dans la pièce et parfois des éclairs nous illuminent. Je commence à oublier mon paternel, les engueulades et tout ce bazar. Je me sens glisser dans une autre dimension. Je ferme les yeux et je laisse couler le Coca dans le fond de ma gorge. J'imagine que c'est un whisky, un gin, n'importe quoi, mais quelque chose de fort qui me brûle la gorge. Je me sens un homme, je me sens grandir. J'ai un boulot, une femme, un appartement. Plus personne pour me dire ce que j'ai à faire et puis surtout, chez nous, il n'y a jamais de disputes. Ma femme est douce et moi gentil. Ah ouais, on est vraiment bien au dixième étage...

– Merde, fais gaffe, un rat ! hurle Manu.

– Quoi ?

Je fais un bond, ma chaise tombe et moi aussi.

– Où ça ? Où ça ?

Ces deux ânes se bidonnent. Ils sont contents de leur bêtise.

– Rien, rien. J'ai cru voir un rat énorme, s'excuse faussement Manu.

Ils savent que ces bestioles me terrorisent. Je sais bien que l'immeuble est truffé de rats, en plus. Quand j'aurai Douglas, il m'accompagnera partout et il bouffera toute la vermine. Je vais le dresser, d'ailleurs.

– T'as eu les jetons ? rit Zeb.

– Pas du tout. J'ai été surpris, c'est tout. Tant pis pour vous, j'avais des nouvelles d'Australie...

– Raconte !

– Tu peux toujours courir.

– T'as des photos ? Nadège t'a envoyé quelque chose ?

– Je dirai rien, les gars. Z'aviez qu'à pas vous moquer de moi...

Je les fais un peu marcher. Mais en vérité, je suis trop pressé de leur montrer Doug en photo. J'ai relevé ma chaise et je m'installe de nouveau face à eux. Ils ont un sourire en coin, ils devinent que je vais me mettre à table, comme on dit. Je vais leur raconter l'Australie... Les faire rêver un peu.

Ça y est, ils savent tout du pays : les déserts, les serpents, les Aborigènes, la chaleur écrasante, les nuits glacées, les grandes étendues... Il me reste à leur parler de ce qui me tient le plus à cœur, mon futur compagnon.

– Et vous savez pas quoi ?

– Ben non, forcément, qu'on sait pas.

– Je vais avoir un chien !

La nouvelle vient de les tuer net. Un chien !

– Sans rire ? Ton vieux t'offre un vrai chien ?

– Délire pas non plus. J'ai pas parlé de mon père.

– Qui c'est qui te l'offre ? demande Zeb.

– Tu devines si je te dis que je vais avoir un chien australien ?

– Oh ! la vache... s'extasie Manu, un dingo ?
– Ta sœur ? questionne Zeb.
– Tout juste. Nadège me rapporte un chiot. Il vient direct de là-bas. Mais j'sais pas si c'est un dingo.
– T'as du bol, balance Manu, dégoûté.
– M'ouais... T'emballe pas quand même, tempère Zeb.
– Ben qu'est-ce t'as ? je demande.
– J'attends que tu m'en dises plus. Il vient d'où ton chien ?
Je regarde mon copain et je ne le reconnais pas. Son visage se tire vers le bas à la manière d'un mérou qui aspire l'eau. Il affiche un air dégoûté mais effrayé en même temps.
– Prends pas cette tête, je vais pas te faire avaler des hannetons grillés. Pourquoi tu veux savoir tout ça sur mon Doug ?
– Il vient d'où ? insiste-t-il.
– C'est le copain de Nadège qui l'a trouvé sous un tas de bois. Il était minuscule et presque mort.
– Hon...
– Tu mènes une enquête ou quoi ?
Manu, à côté, reste silencieux, et moi, je commence à douter. Qu'est-ce qu'il a Zeb, ce soir ? Je n'ose même pas leur montrer Douglas.
– Faut que je te raconte un truc, Dimi, marmonne Zeb.
J'ai l'impression qu'il va me révéler un secret ancestral.

→ **3**

Dehors, la pluie redouble ; je suis attentif. Il démarre :
– Je ne sais pas exactement quand ça se passe, le truc que je te raconte. Peut-être en 1987 ou 1989. Mais je suis sûr d'une chose : tout est vrai. L'histoire a circulé pendant un bout de temps, mais

le gouvernement australien a fait le nécessaire pour ne pas trop ébruiter l'événement. Pour plein de raisons. D'abord, les services sanitaires du pays sont gravement mis en cause, mais les douanes et les polices des frontières aussi. Alors tu vois, on s'est dépêché de tout planquer. Surtout que... Enfin tu vas comprendre.

En 1987 donc, vers le mois de février, une Européenne décide de quitter son pays. Si ça se trouve c'est une Française, je ne me souviens plus. Bref, la fille a dix-huit ans et elle plaque tout. Tu vois le genre ?

– Ben ouais. Comme ma sœur... je coupe.

– Exact. Elle plaque tout et elle débarque en Australie avec son sac à dos et ses chaussures de rando qui puent la sueur. Elle fait du stop en long et en large. Elle mitraille le pays, les indigènes et toutes les bestioles tordues du continent. Je crois même qu'elle loue une caravane à un moment, et elle vit dedans pendant deux mois. Elle trie ses photos, ses notes et elle projette d'écrire un bouquin. Jusque-là, tout va bien. Ça se complique quand elle rencontre un homme. Je sais, tu vas me dire « comme ma sœur ». N'empêche, c'est la vérité. Le type, il n'est pas du coin, mais c'est un peu le genre « je sais tout sur tout ». La femme tombe folle amoureuse et elle boit tout ce qu'il raconte comme du petit-lait.

– Mais pourquoi tu me dis tout ça ?

– Ouais, c'est vrai, rajoute Manu.

– Oh ! Attendez les gars ! Le problème, c'est que le garçon joue *Les Aventuriers de l'arche perdue, Crocodile Dundee* et tout le bazar. Il lui rapporte des serpents dans la caravane, des mygales grandes comme mes pieds...

– Énormes, alors, je ris.

– La ferme ! Je continue. Paraît même qu'elle s'est fait mordre à la bouche par un serpent. Le baiser du cobra, je te dis ! Tout ça parce que le gars lui disait : « T'inquiète, je l'ai hypnotisé. Tu peux le caresser ». La fille a été sauvée. Mais pas de l'amour du type. Elle a continué de le regarder avec des yeux de poisson rouge. Et un jour... C'est là que je veux en venir. Ça fait quelques mois qu'elle vit là-bas et donc c'est le printemps. Un jour donc, l'autre abruti lui ramène un chiot.

– Tu déconnes Zeb ? je m'inquiète.

– Ben non, je ne délire pas du tout. Son petit ami lui offre un chien et, tiens-toi bien, il lui dit qu'il l'a trouvé sous un tas de bois. La bestiole ne ressemble à rien. On ne devine pas la couleur du poil. Le museau c'est pareil, impossible de savoir s'il sera long ou court. Je t'assure : une bête à poils, c'est tout. Elle, toujours folle amoureuse, prend le chiot. On va dire que c'est un chiot, d'acc ? Elle le serre sur son cœur et jure de l'aimer toute sa vie et bla bla bla.

Manu éclate de rire face à Zeb qui mime la fille amoureuse, mais moi, je me sens tout drôle. Je ne sais pas où il veut en venir avec son histoire. Je me sentirais mieux si j'avais mon Douglas à mes côtés. Un chien, ça vous protège et ça vous prévient des dangers. D'habitude, on joue à se faire peur. Ce soir, tout est différent. Zeb est trop sérieux et la nuit trop dense. Je suis mal à l'aise.

– Bon, je peux reprendre ? T'es avec nous, Dimitri, ou quoi ?

Je fais signe que oui et Zeb continue son récit.

– Au début, le chiot est adorable. La fille l'a appelé Good parce qu'il est bonne pâte et qu'elle peut tout lui faire.

Good, Good... Je me répète le nom et je ne peux pas m'empêcher de penser que c'est trop proche de Doug, Doug...

– Et puis un jour, Good adopte un comportement bizarre. Sa

maîtresse le pose sur la table, dans la caravane. Elle lui chatouille le ventre comme d'habitude et elle approche son visage du sien pour le bisouiller. Et d'un coup, la bête plante ses dents dans son nez tout mou. Et pas qu'un peu. L'épisode se termine à l'hôpital avec un bout de nez en moins. Entre-temps, elle a laissé Good dans la caravane. Le médecin demande à voir l'animal, mais c'est bien sûr impossible. D'après l'histoire, le docteur est superétonné de la morsure. Il n'aime pas la façon dont la peau a été arrachée, ou un truc comme ça. Je ne sais plus bien. Mais retiens juste qu'il l'alerte quand même. Quand elle rentre, avec son pansement sur le nez, le chiot se montre adorable. Elle lui pardonne tout. Forcément... C'est un cadeau de son chéri.

Heureusement que je suis assis. Debout, mes jambes ne me porteraient pas. J'ai les os en guimauve et mes muscles tournent en crème fraîche. Je pense à Doug, à sa minuscule trogne, ses yeux pleins d'amour et sa truffe rigolote. Non, cette histoire n'a rien à voir avec celle de Nadège. O.K., ça se passe en Australie, d'accord, il s'agit d'une jeune femme de dix-huit ans et d'un chien, mais ce n'est qu'une coïncidence. De toute façon, je ne connais pas la fin de son anecdote. En revanche, je sais que mon chien arrive bientôt et qu'il sera le plus gentil des toutous. Zeb s'impatiente. Il voit bien que je suis ailleurs. Je lui fais signe de continuer.

– Il se passe environ un mois et demi avant le deuxième phénomène bizarre. Cette fois, Good ne mord pas sa maîtresse. Il s'attaque aux provisions. Quand les deux amoureux partent en balade, ils abandonnent le chien dans le campement. Ils le jugent trop petit pour marcher des heures. Le gars a construit un enclos en bois, tout près de la caravane. Ils déposent l'animal et ils partent en forêt. Un soir, ils reviennent, fatigués et affamés. Lui file direct vers les réserves pour préparer un repas et la fille fonce vers l'enclos. Je te le donne en mille, Dimi. Devine qui trouve Good ? Le garçon. Il retrouve la bête endormie près d'un sac de riz éventré. Tu le crois toi ? Est-ce que tu as déjà vu un chien manger du riz ?

– Titus, le chien de ma grand-mère, il mange des boîtes avec du riz.

– Mais non, ta mamie lui sert du riz bouilli. Good, lui, il est allé déchirer un sac de riz pour manger les grains. Il se régale avec des céréales, quoi. Il n'est pas allé voler la viande. Il est allé piquer du grain. Bref, je continue mon histoire. Quand le bonhomme a vu ça, il s'est un peu énervé sur l'animal et il a voulu lui flanquer une correction. Eh bien, ça n'a pas été facile et en plus, ça s'est encore terminé aux urgences. Je ne te dis pas la tête du médecin. Apparemment, il leur a conseillé de se séparer de la bestiole. Mais la fille a continué de penser que c'était un cadeau d'amour et qu'elle devait l'aimer toute sa vie. Sauf qu'un jour...

– Sauf qu'un jour quoi ? demande Manu.

Mais Zeb a marqué un temps d'arrêt. Quelque chose lui interdit de continuer.

– Poursuis ! dis-je.

Mon pote Zeb refuse d'aller plus loin. Je n'aime pas son regard. J'y décèle de la pitié. On dirait un flic qui déboule chez les parents de la victime dans les feuilletons américains. Zeb, c'est pareil. Je crois qu'il va m'annoncer ma mort prochaine. Ou plus exactement, qu'il la connaît et préfère me la planquer. Et finalement, après un verre de Coca, il se ressaisit et se rend à une sorte d'évidence :

– O.K., je crois que c'est mieux que tu saches...

→ 4

Dans le ciel, les nuages sont de connivence. Ils se sont regroupés pour cacher la lune, et nous, dans l'immeuble, on ne voit plus rien. Manu a coupé les lampes torches. Il aime bien garder de la batterie, pour le cas où on devrait se barrer en vitesse. Zeb avale sa salive, façon de prendre son élan, et se lance :

– Dans cette histoire de fous, la fille est vraiment responsable parce que depuis le début elle refuse de voir la vérité. La vérité, je vais te la dire. Mais d'abord, je continue. Good grandit. Sa maîtresse le nourrit, le gave, l'engraisse comme un cochon. Tout ça parce que le premier jour, on lui voyait les côtes. Son copain commence à se poser des questions. Il n'a pas aimé se faire mordre. Moi, je dis qu'il commence plutôt à avoir la frousse. D'après ce qu'on raconte, Good s'est mis à pousser d'un coup. La queue tout d'abord. En une journée, elle a pris vingt centimètres. C'est à ce moment que l'homme a vraiment eu des doutes. Non pas parce que la queue était longue, mais parce qu'elle était sans poils. Hey mon pote, un chien avec une queue sans poils, c'est pas extraordinaire ?

Je ne me marre pas trop. Je meurs d'envie de prendre mon téléphone portable et de jeter un œil à la photo que m'a envoyée Nadège. C'est vrai, je n'ai pas fait attention à la queue de Doug. Est-ce qu'il en a une au moins ? Elle est longue ? Velue ? Je résiste et je ne sors pas l'appareil. Je n'ai pas envie de montrer Doug tout de suite.

Zeb reprend :

– Le mec essaye d'expliquer à sa copine que cette queue lui semble bizarre. Pas du tout, elle répond. Le duvet va venir plus tard et après on verra des poils apparaître. Elle ne veut rien savoir du tout. La bestiole grossit, son ventre s'arrondit et ses pattes s'allongent. Les pattes ! Je t'en parle pas... Des longs doigts terminés par des griffes crochues. À ce stade, c'est sûr, il n'y a plus aucun doute et le petit copain explose. Il menace de tuer Good parce qu'il pense réellement que ce n'est pas un chien.

– Et il le tue ? questionne Manu.

– Non ! Le lendemain, au réveil, sa copine a disparu avec Good. Elle a repris la route et il ne la reverra jamais. À partir de ce moment, le gars multiplie les recherches. Mais quand tu vois la taille du pays, tu comprends que ce n'est pas facile de retrouver une fille et son chien. En réalité, il est très amoureux et il pense aussi qu'elle est en danger à cause de l'animal. Il donne la description de sa copine et de l'animal à tous les postes de police de la région et il patiente dans la caravane, parce qu'il n'a pas les moyens de se lancer sur les routes.

– L'histoire s'arrête là ?

– Bien sûr que non, Dimi. Et même, c'est ici qu'elle commence. Une semaine plus tard, des agents des services secrets australiens déboulent dans sa campagne. Des grosses berlines noires qui soulèvent la poussière des routes, tu vois le genre. Les hommes le mitraillent de questions et d'un seul coup, ils lui plaquent sous le nez la photo du chien. Le même, je te dis ! Une queue de rat, des griffes, un ventre rond et une gueule mi-chien, mi-rongeur. « C'est Good ? demande le jeune. Vous l'avez retrouvé ? ». Il panique, forcément. Il veut savoir où est sa chérie. Eh bien non, ce n'est pas Good sur la photo. « C'est son frère, et pour être plus précis, c'est l'un des dix frères », lui répondent les agents spéciaux. Pour la suite, ils ne lui en disent pas plus. En tout cas, ce qui les intéresse c'est de retrouver le fameux Good. La jeune femme, ils s'en moquent un peu. Aujourd'hui, on sait que cet animal bizarre est une sorte de mutant. Et c'est pour ça que le gouvernement a étouffé l'affaire. On ne sait pas vraiment si une expérience sur des rats et des chiens a mal tourné, ou bien si c'est une mutation liée à la pollution d'un site. En revanche, on est sûr de deux choses : la fille est sortie d'Australie avec Good. On l'a retrouvée en Allemagne, au fond d'un hangar, le visage arraché par une bête sauvage. On a identifié son corps par la dentition. On suppose que Good a fait le coup, mais on ne sait pas ce qu'il est devenu. La seconde certitude, c'est que les frères de Good ont eu le temps de faire des petits avant d'être capturés et tués.

J'ai un peu de mal à avaler ma salive. J'ai comme une boule de poils dans la gorge.

– Je t'explique : l'affaire se passe en 1987. Tu fais le calcul. Si chaque chiot-rat fait cinq petits tous les ans, il y a des milliers de rats mutants sur le territoire australien. Et le pourcentage de chance pour que ta sœur en rapporte un est de...

– Arrête ! Tu délires ou quoi ? je m'énerve.

– Je n'invente rien, reprend Zeb. Et même, à l'heure qu'il est, Nadège s'est peut-être fait mordre le bout du nez.

– T'es trop nul ! je hurle.

– Allume une lampe, demande Zeb à Manu. Et toi Dimi, fais-nous voir ton Douglas.

Je sors doucement mon portable de ma poche. Je fouille dans « Mes documents » et j'arrive sur le cliché que ma sœur a envoyé.

– Alors, tu montres ? s'impatiente Manu.

– Ouais, deux secondes... je bafouille. – Je veux d'abord vérifier.

De toute façon, je ne crois pas à cette histoire loufoque. J'ai un zoom. Je l'active. La patte de Doug grossit. Elle prend tout l'écran. Je trouve les griffes du chien un peu trop crochues. Merde !

13 LÉGENDES URBAINES

Alain Venisse

DERNIER MÉTRO

Un homme perd son portefeuille
juste devant vous.
Vous lui ramassez.
Pour vous remercier, l'inconnu
vous conseille d'éviter à tout prix
une station de métro précise,
un jour et à une heure donnés.
Faut-il tenir compte
de cet étrange avertissement ?
Votre vie en dépend peut-être...
Cette histoire a beaucoup circulé
après les actes de violence et de terrorisme
ayant visé des grandes villes
ces dernières années.

DERNIER MÉTRO

→ **25 juin 1994, 0 h 35**

Assis sur le quai du métro, Valentin jeta à sa montre un nouveau coup d'œil inquiet. Si on l'avait laissé entrer dans la station Raspail, c'est que la dernière rame n'était pas encore passée. Mais qu'est-ce qu'elle foutait, bon Dieu ?

D'autant que pour rentrer chez lui, Valentin devait encore changer à Saint-Michel, puis emprunter le R.E.R. jusqu'à La Courneuve. Rater cette correspondance signifiait la grosse galère : ou bien faire le chemin à pied, chose impensable vu la distance, ou sinon appeler un taxi de nuit, une dépense exorbitante pour son maigre budget de jeune étudiant. Et encore, à condition de trouver une cabine en état de marche. Car Valentin n'avait pas les moyens de s'offrir un de ces nouveaux téléphones portables dont on commençait à entendre parler, de ceux qu'avaient déjà adoptés certains de ses camarades plus fortunés, soutenus par leurs familles.

Aussi, le garçon s'en voulait un peu de ne pas avoir quitté la soirée plus tôt. C'est vrai que l'ambiance était chaleureuse en compagnie de cette dizaine de copains de fac, garçons et filles. Stéphane, l'occupant de l'appart, avait passé son après-midi à mijoter un chili con carne à s'en relever la nuit. D'un autre côté, lui au moins pouvait en trouver le temps, n'ayant pas besoin de bosser pour payer ses études, comme la plupart des convives présents. Mais c'était ce que Valentin appréciait chez ses amis : bien qu'en majorité plus nantis que lui, à aucun moment ils ne le lui faisaient sentir, le considérant au contraire comme leur égal sur le plan intellectuel. Si les uns habitaient le quartier, les autres avaient déjà leur voiture, offerte par papa et maman. Seul Valentin devait prendre le métro, pour regagner sa petite chambre en banlieue.

Et en parlant de métro, toujours rien à l'horizon. À cette heure, la station était vide, dans les deux directions. Hormis Valentin, bien sûr. Et sans doute un autre voyageur attardé, annoncé par son pas qui résonnait dans le couloir voisin.

Quelques secondes de plus, et l'homme apparut sur le quai. Grand et maigre, le visage en lame de couteau, d'une pâleur que soulignait encore l'éclairage blafard des néons. Un peu à la manière d'un automate, il pivota pour se diriger droit sur Valentin. Ce dernier s'attendait à ce qu'il lui adresse la parole, dans le genre : « Excusez-moi, jeune homme, connaissez-vous l'heure du dernier métro ? ». Ou encore : « Est-ce que je suis sur la bonne ligne pour me rendre à Gare du Nord ? »

Mais non, rien de tel. À sa grande surprise, le nouveau venu vint s'asseoir directement à sa gauche, aussi raide qu'un manche à balai, sans lui dédier le moindre regard, comme s'il ne l'avait même pas vu. Drôle de conduite, en vérité, alors que tous les autres sièges étaient libres. Valentin se sentit soudain mal à l'aise. Rompre le silence était pourtant facile, il suffisait de se pencher pour engager la conversation, sous un prétexte quelconque. Quoi de plus naturel, entre deux voyageurs isolés à pareille heure ?

D'ordinaire, l'étudiant n'était pas embarrassé pour prendre la parole, y compris lors d'exposés en travaux pratiques. Mais là, allez savoir pourquoi, les mots se coinçaient dans sa gorge, pas moyen de sortir une phrase. Les minutes continuaient à s'écouler dans une gêne presque palpable, sans que son curieux voisin esquisse un seul geste. Une figure de cire du musée Grévin aurait paru plus vivante. Et ce fichu métro qui n'arrivait toujours pas !

Enfin, une sourde rumeur semble monter du fond du tunnel. L'étrange voyageur l'avait-il entendue, lui aussi ? Il se leva. Mais au lieu de s'avancer vers le bord du quai pour guetter la rame, il reprit tranquillement le chemin de la sortie. Drôle de type, décidément, pour attendre aussi longtemps, puis s'en aller alors que le métro s'annonçait !

Éberlué, Valentin vit l'homme disparaître à l'angle du mur en carreaux blancs. Machinalement, son regard se reporta sur le siège voisin, maintenant vide. Dessus reposait un gros portefeuille en cuir noir, d'où dépassait une épaisse liasse de billets.

Des billets de cinq cents francs, s'il vous plaît ! Combien ? Difficile à dire au premier coup d'œil... mais à l'évidence une petite fortune. De quoi vivre longtemps sans soucis, surtout quand on tire le diable par la queue.

Son propriétaire n'avait rien remarqué, il était déjà parti. À la place de Valentin, beaucoup auraient été tentés de fourrer l'objet dans leur poche, sans plus de scrupules. Mais pas lui ! Malgré l'arrivée imminente de la rame, il bondit sur ses pieds et s'élança sur les traces de l'homme.

– Monsieur, monsieur ! Revenez, vous avez perdu quelque chose !

Ses appels se répercutaient sous la voûte en faïence du couloir. Un couloir tout droit, sans embranchements, qui se terminait par un grand escalier. En haut, l'espace réservé aux guichets et à l'accès des voyageurs... totalement désert. Le cœur de Valentin fit un bond.

En face de lui, les grilles de la sortie vers la rue étaient déjà fermées, verrouillées par une chaîne et un gros cadenas.

→ 25 juin 1994, 0 h 55

Où donc était passé ce drôle de bonhomme ? Vu sa réaction immédiate et la vitesse de ses jambes, Valentin aurait dû le rattraper, sur ce parcours sans autre issue. À moins qu'il ne se soit évaporé dans les airs, ce qui paraissait peu probable.

Autre préoccupation, tout aussi primordiale : comment les

préposés avaient-ils pu condamner la station, avant le passage du dernier métro ? Et accessoirement, de quelle façon l'étudiant prisonnier allait-il se sortir de là ? Il se remit à appeler, cette fois à l'intention des responsables du service, puis frappa du poing contre la vitre blindée des guichets vides. Sans résultat. Ne lui restait plus qu'à redescendre sur le quai. Il dut pour cela enjamber les tourniquets, ce qui n'était guère dans ses habitudes.

En bas, rien de nouveau. Personne nulle part, ni voyageurs ni agents de la R.A.T.P. Ce fameux métro était-il passé, à la fin ? Sûrement pas, on l'aurait entendu. Pourtant la fermeture de la station semblait affirmer le contraire, et tout portait à croire qu'aucune rame ne circulerait plus avant le matin. Encore heureux qu'ici, l'éclairage ne s'éteigne jamais ! Dans le doute, Valentin s'engagea dans l'unique couloir de correspondance : Étoile-Nation. Peut-être aurait-il plus de chance de ce côté ?

À mesure qu'il progressait dans une solitude apparente, on aurait dit que le silence se meublait de petits bruits bizarres. Faibles grincements, échos de pas lointains, rumeurs de voix distantes. Et même, oui, comme un sanglot d'enfant étouffé. Du coup lui revint en mémoire ce genre de racontars à la mode dans les soirées un peu arrosées, souvent répandus par de vagues copains cherchant à épater la galerie, ou à attirer l'attention des filles. Des histoires où il était question de gens vivant cachés dans le métro sans jamais remonter à la surface.

Marginaux, délinquants ou drogués de tout poil, qui ne se montraient qu'après la fermeture des stations, pour errer dans les couloirs et les tunnels. Une sorte de cour des Miracles de l'an 2000, en quelque sorte.

Bien que connaissant les limites de telles fables, le garçon avait quand même hâte de se retrouver à l'air libre. Quand soudain un ricanement plus proche, bien distinct cette fois, attira son attention. Puis au détour du couloir, une ombre fugitive le fit sursauter. Quelques mètres plus loin, l'apparition subite de deux silhouettes le figea sur place.

Pourtant, il aurait dû être soulagé de rencontrer enfin deux êtres humains à qui confier ses problèmes. Mais ceux-là l'auraient-ils seulement écouté ? Vêtus de blousons de cuir râpés, crânes rasés ornés de crêtes d'Iroquois en couleur, oreilles percées d'épingles à nourrice, ils n'avaient rien du boy-scout à qui le promeneur égaré demande son chemin.

– Salut, gamin, attaqua celui de gauche. Alors comme ça, c'est soir de fête, on sort sans sa maman ? Et en plus, on perd son chemin ? Mais dis donc, qu'est-ce que tu tiens là ?

Valentin se maudit intérieurement. Sans même s'en rendre compte, il avait gardé en main le portefeuille de l'inconnu, avec ses billets toujours aussi visibles.

– T'as raison, Spike, souligna le second punk à l'intention du premier. C'est bien le tien, je le reconnais. Celui que t'as perdu tout à l'heure, dans un couloir. Merci, mon pote, de le lui rapporter.

– Mais ce n'est pas le sien, protesta Valentin. J'en suis sûr, j'ai même vu son propriétaire.

De toute évidence, la réponse n'était pas du goût du dénommé Spike, dont le visage ingrat s'assombrit.

– Répète un peu, microbe. Si je dis que c'est le mien, c'est le mien. T'oserais me traiter de menteur, des fois ? C'est quand même pas dur à piger : ou tu me files le larfeuille, ou je découpe quelques boutonnières en supplément !

Entre ses doigts venait de jaillir une lame effilée qui ne présageait rien de bon. Sans être lâche, Valentin n'avait pas l'habitude de la violence. Surtout face à deux individus prêts à tout, et manifestement plus forts que lui. Pourtant il choisit de tenter un ultime bluff.

– Écoutez, les gars, je ne cherche pas d'ennuis. N'empêche que je suis ceinture noire de karaté, et que vous ne me faites pas peur. Alors laissez-moi passer, et tout ira bien.

Lui-même n'en croyait pas un traître mot. Mais à sa plus grande stupeur, il vit les deux voyous blêmir, avec sur leurs sales faces de rats les marques d'une peur évidente. Sans le quitter des yeux, ils effectuèrent plusieurs pas en arrière, avant de tourner les talons pour disparaître à toutes jambes à l'angle du couloir.

– Bien joué, mon garçon, murmura une voix derrière Valentin.

→ **25 juin 1994, 1 h 23**

Se retournant, le garçon découvrit la haute silhouette de l'homme au portefeuille. D'où sortait-il, celui-là, de façon aussi providentielle ? Et comment avait-il pu mettre en fuite deux voyous aussi décidés ? Il était grand, d'accord, mais cela suffisait-il à leur causer une telle frayeur ? À moins que, peut-être... cette lueur inquiétante au coin de ses yeux ? Valentin se demanda s'il devait s'estimer soulagé, ou le contraire. Enfin, puisque l'occasion lui était donnée, il tendit le petit objet de cuir noir avec son précieux contenu.

– Je crois que ça vous appartient, monsieur. Je l'ai trouvé sur le siège, après votre départ.

À ces mots, le visage austère de l'inconnu se détendit sur une amorce de sourire. Il parut brusquement plus humain, tandis qu'il se penchait pour récupérer son bien.

– Ainsi tu me l'as rapporté ? Ça ne m'étonne pas de toi, je t'avais bien jugé. Tu es un garçon droit et honnête, Valentin. De ceux qui méritent une vie longue et heureuse.

– Valentin ? tressaillit l'étudiant. Vous m'avez appelé Valentin ? Mais d'où vous connaissez mon prénom ?

Comme tous ceux qui n'ont pas envie de s'expliquer, l'homme répondit à côté, en changeant de sujet.

– Je connais sur toi bien d'autres choses. Ton nom de famille, par exemple. Ou le fait que tu te rendes tous les jours à la fac en empruntant la ligne B du R.E.R. Et aussi que tu ne roules pas sur l'or. Ton père est mort voici plusieurs années. Bien que ta mère ait du mal à joindre les deux bouts, elle t'aide dans toute la mesure de ses moyens. Pour moi, au contraire, la somme que tu viens de me restituer ne représente rien. Ou si peu. Tu peux la garder, si tu veux. Elle t'aidera à t'en sortir durant un bon moment.

Jamais Valentin n'avait entendu plus étrange discours. Où l'inconnu avait-il pu pêcher toutes ces informations à son sujet ? C'était comme s'il lisait dans son esprit. En outre, pourquoi se le cacher ? Aussi extravagante qu'elle paraisse, son offre avait un côté alléchant. Car il ne s'agissait pas d'une banale plaisanterie, de cela le garçon était sûr. Il dut remettre de l'ordre dans ses pensées, et attendre d'avoir repris son calme avant de refuser, un peu à contrecœur. Curieusement, cette réponse parut combler son interlocuteur.

– Bien, bien, jeune homme, à ta guise. D'ailleurs, il existe une autre façon de te récompenser, bien plus essentielle que l'argent. Je sais que tu as « travaux pratiques », cet après-midi à 17 h 30. Alors écoute-moi avec attention : sous aucun prétexte... je dis bien SOUS AUCUN PRÉTEXTE, tu ne dois prendre le métro pour t'y rendre. Arrange-toi comme tu veux : en bus, à pied, ou même en taxi. Tu en auras les moyens, car j'insiste au moins sur ce point : accepte un billet de la liasse, un seul. Dans l'immédiat, il te permettra déjà de rentrer chez toi.

– Mais, mais... bégaya Valentin.

– Pas de mais entre nous. Fais juste ce que je te dis. Continue dans ce couloir, il donne sur le boulevard Raspail. Là les grilles seront encore ouvertes, je te le garantis. Et tu ne rencontreras plus ces deux malfrats. Bonne chance, mon garçon... Surtout, reste toujours fidèle à toi-même.

Valentin aurait aimé ajouter quelque chose, mais il sentit que c'était inutile. Les jambes molles, la tête vide, il obéit comme dans un rêve. Trois minutes plus tard, il se retrouvait à l'air libre, un billet froissé entre les doigts. Devant l'entrée de la station, un taxi libre attendait le client.

→ 25 juin 1994, 16 h 12

Un joyeux rayon de soleil entrait par la fenêtre, pour tomber directement sur la petite table couverte de livres et de papiers. Dans sa mansarde d'étudiant, au sixième étage, Valentin relisait une dernière fois les notes pour son exposé.

Après son étrange aventure nocturne, il avait dormi tard. Puis s'était mis au travail d'arrache-pied, afin de rattraper le temps perdu. Sa moyenne en TP était bonne, il ne tenait pas à la voir baisser. Pourtant, ses souvenirs du métro continuaient à lui trotter dans la tête, l'empêchant un peu de se concentrer. Tout cela semblait tellement irréel, à la clarté du jour. S'était-il assoupi sur son siège ? Avait-il tout imaginé ? Il aurait presque pu le croire... sans la monnaie du billet de cinq cents francs, dispersée parmi ses cahiers dans le carré de lumière.

Mais les aiguilles de sa pendule continuaient à tourner. Son travail paraissait au point, c'était pour lui le moment de se mettre en route, s'il ne voulait pas arriver en retard. Il était jeune et joli garçon, il avait toute la vie devant lui. Au diable les superstitions imbéciles qui vous empoisonnent l'existence ! En fredonnant, il dégringola quatre à quatre les escaliers du vieil immeuble dépourvu d'ascenseur.

La bonne chaleur de l'été l'accueillit sur le bitume. L'entrée du R.E.R. n'était qu'à deux cents mètres à peine. Un des critères qui l'avaient décidé à louer dans le secteur : nettement moins cher qu'à Paris même, et presque aussi pratique. Mais une déception l'attendait quand il voulut pénétrer sur le quai. Son ticket, pourtant valide, ne passait pas dans la machine. En plus, c'était son dernier. Acheter un nouveau carnet, vite ! Mais où ? Le guichet prévu à cet effet était éteint, vide de tout préposé. Et sur les trois distributeurs automatiques, aucun ne se trouvait en état de marche.

La bonne humeur du jeune homme fondait comme neige au soleil. On a beau avoir l'esprit rationnel, il est des moments où le doute vous gagne. Dans sa tête, il crut encore entendre la mise en garde formelle de l'inconnu au portefeuille, sous la voûte du métro : aujourd'hui, pas de trajet en R.E.R. ! Cet avertissement, il l'avait presque oublié. Ou plutôt il s'efforçait de l'ignorer, pour une question de fierté personnelle : lui, un garçon moderne et évolué, se laisser ainsi influencer par des croyances aussi primaires ? Et puis quoi, encore ?

Mais quand les événements se liguent contre vous, que faire, sinon s'incliner ? Dans son blouson, ses doigts rencontrèrent le reste des billets qu'il avait empochés machinalement, en partant de chez lui. Largement de quoi s'offrir une autre course en taxi. Car vu l'heure, c'était râpé pour le bus, trop lent et trop compliqué. Tant pis pour la dépense, après tout. Avec un haussement d'épaules résigné, Valentin reprit le chemin de la surface.

→ 25 juin 1994, 18 h 10

Installé sur un banc public, en bordure du boulevard Saint-Germain, le jeune étudiant faisait le point en regardant passer les voitures. Comme prévu, son trajet lui avait coûté fort cher. D'accord, cet argent offert ne sortait pas de son maigre compte en banque. Mais ça restait difficile à digérer, pour quelqu'un habitué à calculer sou par sou. D'un autre côté, il était arrivé à l'heure en salle de TP et son exposé avait été jugé plutôt brillant. Rien qui puisse diminuer sa moyenne, bien au contraire.

Devant lui, plusieurs ambulances passèrent à toute allure, sirènes hurlantes. Puis une voiture de police, gyrophares en action. De jour comme de nuit, beaucoup de monde fréquente cette artère essentielle du Quartier latin. Mais ce soir régnait une agitation vraiment inhabituelle. Pour ne pas dire une confusion. De la foule montait une sorte de rumeur. Un peu partout des groupes se formaient ou se dissociaient au hasard, abordant leurs voisins, visiblement en quête d'informations.

Intrigué, Valentin s'apprêtait lui aussi à se rendre aux nouvelles, quand une main frappa sur son épaule. C'était Sébastien, l'un de ses copains de fac. Inscrit à d'autres matières que lui, il n'appartenait pas au même cours de TP.

– Comment, t'es pas au courant ? s'étonna-t-il. Il vient d'y avoir un terrible attentat dans le R.E.R., vers 17 heures au niveau de la station Saint-Michel. Paraît qu'il y a plein de blessés, et même des morts ! Au cœur de Paris, tu te rends compte ?

Manifestement, Sébastien était bouleversé. Comme la majorité des gens alentour, à mesure que se confirmait la certitude du drame. Quant à Valentin, son teint avait viré au livide. Lui qui venait de se dresser retomba sur le banc, sous le poids d'une terrible constatation : compte tenu des circonstances et des horaires, il aurait pu... il aurait DÛ se trouver à bord de la rame fatale, parmi les victimes !

De l'autre côté du boulevard, un banc identique faisait face au sien. Entre deux passages de camions, Valentin eut le temps d'entrevoir une silhouette assise qui le fixait de loin. C'était l'inconnu du métro Raspail, une main levée comme pour lui faire signe. Ou comme pour lui adresser un au revoir complice. Puis la masse d'un bus s'interposa brièvement. L'instant d'après, le banc était vide. L'homme avait disparu. Ce qui ne représentait pas un tour de force, à bien y réfléchir, vu la cohue environnante.

Plus bas sur la gauche, du côté de la station sinistrée, retentirent des cris, ponctués de coups de sifflets. Malgré la distance, on aurait dit que la police cherchait à établir un cordon de sécurité. Des groupes de personnes blêmes se hâtaient dans cette direction. Peut-être avaient-elles rendez-vous sur place avec un proche, un parent, un ami pour qui elles s'inquiétaient ?

Au milieu de l'affolement général, les deux étudiants restaient figés, immobiles, écrasés par la certitude de vivre un moment exceptionnel. Un de ceux qu'on souhaite ne jamais voir se reproduire de toute son existence.

→ 25 juin 2009, 20 h 47

– Encore en train de rêver, mon chéri ?

La douce voix féminine tira Valentin de ses pensées. Il secoua la tête, son regard flou revint se focaliser sur la jeune femme assise en face de lui, de l'autre côté de la table. SA femme, depuis plusieurs années déjà. La jolie Andréa, rencontrée sur les bancs de la fac, dont il était tout de suite tombé amoureux.

Un peu plus loin, sur le canapé du salon, Mathieu, huit ans, suivait sur l'écran plasma sa série favorite. Après ses bonnes notes ramenées de l'école, il avait reçu le droit de veiller à titre exceptionnel. Contrairement à Cécile, trois ans, qui dormait déjà dans sa chambre à l'étage.

L'ambiance du foyer était douce, feutrée. Dans la lumière tamisée, la main d'Andréa vint chercher celle de Valentin. À chaque 25 juin, l'ancien étudiant se sentait ainsi d'humeur incertaine, comme s'il éprouvait le besoin de faire un bilan, à l'occasion de cet anniversaire bien particulier. Quinze ans, jour pour jour ! Depuis, le temps avait passé, Valentin était devenu adulte. Le destin lui avait donné une épouse adorable, des enfants pleins de vie et de gaieté. En un mot, une famille idéale.

Une famille qu'il n'aurait peut-être jamais connue si, cette fameuse nuit, il n'avait pas rencontré un drôle de bonhomme sur le quai de la station Raspail.

13 LÉGENDES URBAINES

Nicolas Jaillet

LES CARROSSIERS

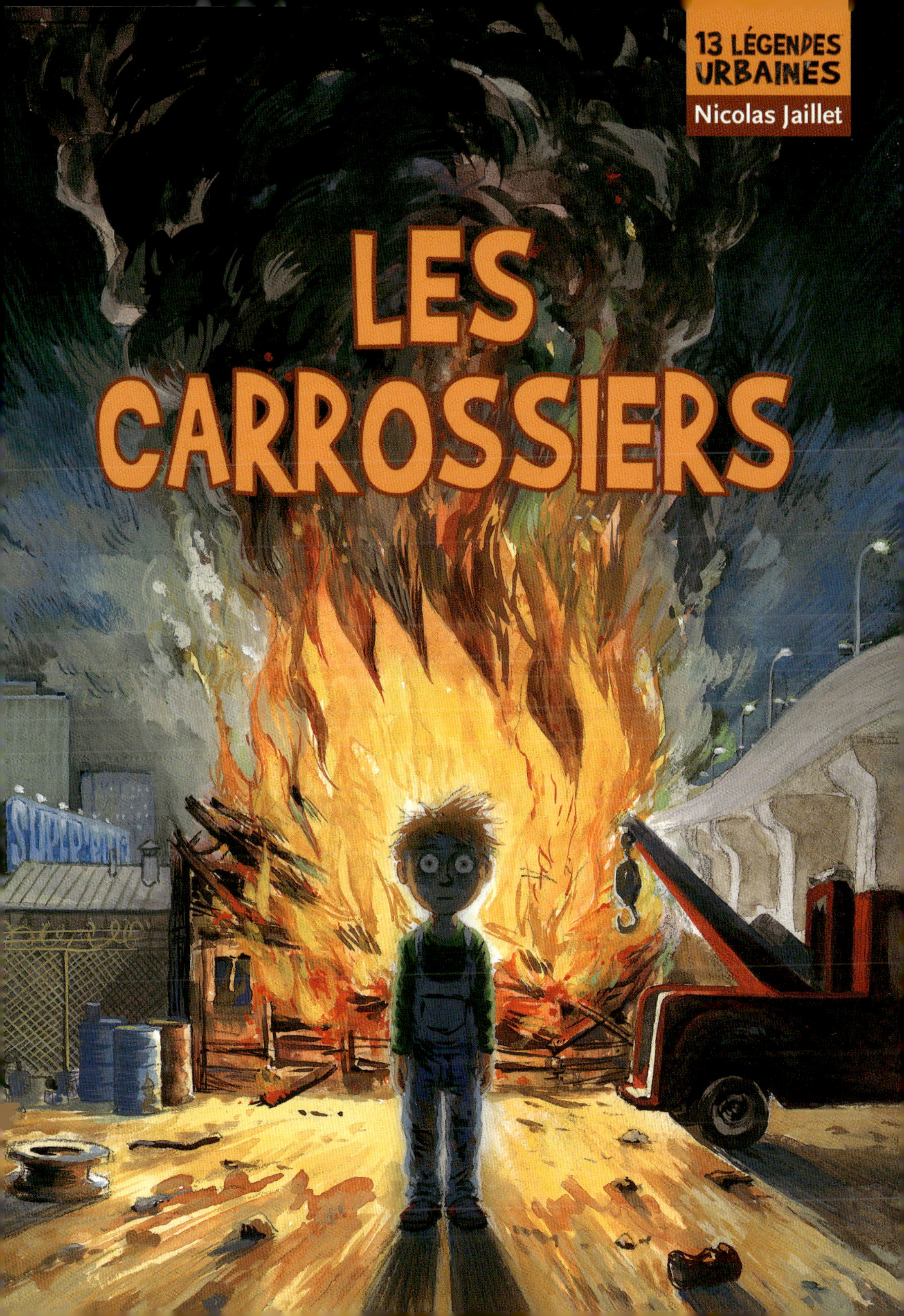

On raconte que des carrossiers renversent de l'huile ou des clous sur les routes aux alentours de leur garage. Ils provoquent ainsi de nombreux accidents et récupèrent autant de voitures à réparer...

LES CARROSSIERS

→ 1

En voyant le gamin entrer dans son bureau, le lieutenant Adams ouvrit la bouche pour demander qu'on lui ôte les menottes, comme il le faisait d'habitude. Puis il croisa le regard du gosse ; il eut un léger frisson, et se contenta de dire :

– Merci, les gars, vous pouvez y aller.

Le lieutenant Adams avait oublié un instant ce qu'on lui avait appris à l'école de police : « Ne vous fiez jamais aux apparences. Une bonne sœur peut faire une très belle carrière dans le crime ».

Ce conseil lui était revenu en mémoire en même temps que le rapport des deux agents qui venaient d'entrer avec le gamin dans son bureau. Ce garçon aux traits doux, aux grands yeux vert d'eau, venait d'incendier le garage familial sous l'échangeur de Brooklyn. Il avait appelé la police pour se dénoncer. L'histoire était tellement grosse que personne, au central, n'y avait cru. On s'était contenté d'envoyer deux hommes en uniforme, qui patrouillaient à proximité. Pour voir.

Ils avaient vu.

La baraque était réduite à un tas de braises quand ils étaient arrivés. Le garçon était là ; il les attendait avec sa salopette de jeans tachée de cambouis, ses cheveux en bataille et ses grands yeux délavés. Ses grands yeux doux et gentils, vides de toute expression humaine.

Les deux agents s'étaient approchés, l'un d'eux portant machinalement une main sur son arme de service.

– Qu'est-ce qui s'est passé, petit ?

– J'ai mis le feu à la baraque, dit-il. Je suis sorti, j'ai fermé la porte avec la chaîne, j'ai vissé des planches aux fenêtres, et j'ai renversé de l'essence sur les murs. Et j'ai mis le feu à la baraque.

La question, inévitable mais absurde, jaillit des lèvres de l'agent :

– Pourquoi tu as fait ça, petit ?

Le gosse observa les cendres de la maison ; puis il se tourna vers les deux agents en les regardant droit dans les yeux.

– Je voulais les tuer. Tous.

Il avait réussi.

Les officiers étaient encore dans le bureau, les bras ballants. Le lieutenant répéta :

– C'est bon, les gars, vous pouvez y aller.

Les deux hommes s'ébrouèrent, comme deux chevaux de trait au milieu de la neige, et quittèrent les lieux, abasourdis.

La porte se ferma doucement. Il y eut un moment de silence. L'homme et le garçon se regardaient, ou plutôt : l'homme regardait le garçon, qui regardait dans sa direction.

Adams avait une technique qui marchait bien avec les jeunes prévenus. Il s'agissait de leur montrer immédiatement qu'il les prenait au sérieux. Il leur offrait un café, une cigarette, éventuellement il versait dans le café une lichette de whisky, avec un clin d'œil entendu, l'air de dire : ça-reste-entre-nous-n'est-ce-pas. La plupart des gamins se livraient à la délinquance avant tout parce qu'ils voulaient qu'on les prenne pour des hommes. Ils étaient persuadés que l'alcool et la cigarette étaient des signes indiscutables de virilité. Neuf fois sur dix, ils tombaient dans le panneau.

Adams esquissa un mouvement du bras vers son paquet de

cigarettes, dans le tiroir de son bureau.

Mais il se retint. Cette fois, ce ne serait pas malin de faire ça, il le sentait. Cette fois, moins il en ferait, mieux ça vaudrait. Il tira vers lui le clavier de l'ordinateur, lança le logiciel prévu pour les dépositions, et demanda :

– Les deux officiers qui viennent de sortir ont dû te lire tes droits, avant de t'arrêter ?

Le garçon hocha la tête.

– Alors tu sais que tu n'es pas obligé de me parler avant qu'on te colle un avocat. Tu sais que tu auras un avocat, même si tu n'as pas les moyens de le payer.

– Je sais. Posez-moi des questions.

Il y eut un nouveau silence, le temps qu'Adams réalise qu'il tournait autour du pot.

– Ton nom de famille ?

– Sheppard.

– Prénom ?

– Tom.

– Thomas ?

Nouveau hochement de tête.

– Chais pas... Non. Tom, je crois, juste Tom.

– Ton adresse ?

Tom donna l'adresse. Adams connaissait l'endroit. Un garage, au bout d'une allée entre deux rideaux de barbelés bouffés par les ronces, une centaine de mètres après la fameuse « dernière sortie pour Brooklyn » que le livre d'Hubert Selby Jr. avait rendue célèbre. Il observa le gamin du coin de l'œil. Tom Sheppard n'avait certainement jamais entendu parler de ce bouquin. Ni d'aucun autre, d'ailleurs.

L'officier revint sur terre et observa le gamin. Tom Sheppard l'observait aussi, depuis plusieurs secondes peut-être, toujours calme et doux, sans expression. Il était prêt. Certainement plus que le lieutenant.

– Bon, soupira Adams. Allons-y. Je t'écoute.

→ 2

– Chez nous, on est carrossier de père en fils. Je me souviens d'une prof, au collège, qui voulait pas que je sèche les cours. Elle disait que j'étais pas forcé de bosser au garage, parce que j'avais des... des « capacités ». Mon père est allé chez elle avec un fusil, et tout s'est arrangé, elle a plus jamais rien dit. J'avais plus besoin d'aller au collège, je pouvais rester au garage avec mon père et mes deux frères, Josh et Jeremie, à taper de la tôle.

De toute façon, Bonnie m'apportait des bouquins de classe, et des fois, je bossais tout seul, à mon rythme, même si ça plaisait pas trop, à la maison. Tant que je faisais mon boulot au garage, le vieux disait trop rien. Bonnie, c'était une copine à moi, du collège. Elle habite pas très loin, elle passe des fois en Mobylette. Mais elle s'approche pas trop. En général, on se retrouve derrière le talus, au bout du chemin. Elle me passe des bouquins.

Le garçon s'arrêta brusquement. Pour la première fois, des signes de trouble apparurent sur son visage. Un léger tressaillement nerveux sous l'œil. Un va-et-vient de la glotte. Ses lèvres se retroussaient légèrement.

Adams connaissait bien cet état, que les psychologues appellent « post-traumatique ». Des gens qui ont vu, ou qui ont fait des choses épouvantables, et qui se comportent un moment comme des somnambules. Comme si quelque chose, dans leur système nerveux, venait de se rompre. Ils restent à l'abri de leurs émotions pendant quelque temps. Ça les sauve de la folie, parfois.

Tom Sheppard baissa lentement les paupières, et quand il les releva, il avait retrouvé cet état salvateur. Il reprit son récit.

– Elle me *passait* des bouquins, dit-il. Désolé, j'ai pas encore l'habitude.

C'était la belle vie, quoi. On tapait sur la tôle, après quand la journée était finie, on s'entraînait avec les frangins. On tirait sur des canettes. Mes frangins, ils sont vachement forts à la 22. Ils ont une 22 à lunette. Je veux dire : ils avaient une 22 à lunette. Mon frère Josh était le meilleur, il pouvait tirer à deux cents mètres, debout, assis, couché, il dégommait la cible à chaque fois. Mais pour pas vexer Jeremie, il disait que Jer', lui, était plus fort sur les « cibles mouvantes ». Ça les faisait marrer, comme si c'était la meilleure blague de la terre. Dès qu'on parlait de « cibles mouvantes », ils rigolaient. C'était un mystère pour moi. Comme quand ils disaient qu'ils allaient « chasser ».

Des fois, le soir, ils montaient dans la remorqueuse avec le fusil, ils disaient qu'ils allaient chasser le daim, et ça faisait marrer tout le monde à la maison. Les deux frangins qui montaient dans la cabine, avec la 22, en disant qu'ils allaient chasser le daim, on aurait cru que personne avait jamais rien dit d'aussi drôle.

Moi, j'aurais bien aimé y aller avec eux, ça avait l'air tellement chouette. Évidemment qu'ils ramenaient jamais rien, je vois pas bien où c'est qu'on peut chasser le daim, par ici, mais enfin, ils étaient contents quand ils rentraient. Moi, je me disais qu'ils avaient un autre endroit pour l'entraînement, un endroit vachement plus difficile ; que ce qu'ils faisaient derrière la maison, c'était juste de la rigolade à côté de ce qu'ils faisaient là-bas. Parce que, je sais pas... Ils avaient un truc dans l'œil, dans leur façon de respirer même, quand ils montaient dans le camion, ça avait l'air vraiment excitant ce qu'ils allaient faire, largement aussi excitant que s'ils allaient vraiment chasser le daim dans la forêt.

Le Père Noël, ou la Sainte Vierge, j'ai toujours su que c'était des blagues, mais ces histoires de cibles mouvantes, ces histoires de chasse au daim, alors là ça m'a toujours étonné.

Maintenant, quand j'y repense, je me demande comment j'ai pu être assez débile pour pas faire le rapprochement, pour pas comprendre tout seul. Parce que les frangins, quand ils rentraient, ils allaient planquer le fusil, puis ils repartaient aussi sec avec la remorqueuse, et une demi-heure après, y avait toujours un client accroché.

Le gars était content, il arrêtait pas de dire : « Oh ben j'ai eu de la chance, heureusement que vous passiez dans le coin... », et les frangins, mes parents qui faisaient : « Ah on peut pas dire le contraire... Ça pour de la chance, on peut dire que vous en avez... ». Et tout. Et cette fois, ils rigolaient pas aussi fort, mais ils se regardaient du coin de l'œil avec un air bien content quand même. Et le client, il sentait qu'y avait quelque chose dans l'air, qui le mettait pas à l'aise, alors quand mes frangins lui proposaient de le raccompagner en ville, ou de lui prêter une bagnole pour qu'il continue sa route, il disait pas non, il était toujours soulagé à l'idée de quitter la maison.

Ça se passait toujours le soir, après le dîner. Les frères, avec le vieux, ils se mettaient tout de suite au travail. Dans la famille, on aimait bien bosser, ça il faut le reconnaître. Mon vieux, je l'ai vu remettre d'aplomb des plaques de tôle en trois coups de marteau. Des fois, ils récupéraient des bagnoles tellement défoncées que les frangins se résignaient. Ils disaient : « Cette fois, c'est mort, il va falloir commander la pièce ». Mais mon père, il se laissait jamais décourager. Et souvent, ça marchait. Il remettait sur pied des bagnoles qu'on aurait dit bonnes pour la casse. Des clients, j'en ai vu qui pleuraient de joie, des fois, quand ils voyaient comme on leur avait sauvé leur bécane.

➔ 3

– Et puis y a pas que la tôle, dans le métier. Mon frère Josh, lui, sa spécialité c'est la soudure. Je pourrais en parler, parce qu'il m'a un peu montré. La soudure, tout le monde croit savoir en faire, mais c'est un vrai métier. Il y a des tas d'aciers différents, et si vous voulez pas saloper le travail, il faut choisir les bonnes mèches, la bonne température, et c'est jamais deux fois les mêmes dosages. Avec le temps, on apprend.

Jeremie, lui, c'était la peinture. Là aussi, c'est tout un art. On récupère des voitures de toutes les marques, de toutes les époques, de toutes les couleurs. Si on devait, à chaque fois, commander juste la bonne peinture au fabricant, ça prendrait des semaines, on s'en sortirait pas. Alors, y faut faire les mélanges soi-même. Jeremie avait des centaines de pots sur son établi : des couleurs, des vernis, des solvants. Quand la maison a cramé, y a eu des flammes de toutes les couleurs, ça montait très haut, une colonne toute droite, avec du vert, du rouge, du bleu. Je me suis dit : « Ça, c'est l'établi de Jeremie qui s'en va ».

Il s'arrêta de nouveau. Il regardait avec obstination un coin du bureau, où deux brûlures de cigarettes formaient un V. Sa poitrine se soulevait, mais son visage restait paisible. Adams pria un moment pour qu'il ne craque pas, mais le gamin avait l'air de se reprendre. Une colère blanche reprenait le dessus, dissipant le chagrin. Il voulait aller au bout de son histoire. Il avait quelque chose à dire. Il luttait pour tenir jusque-là.

– On aimait notre boulot, quoi. On l'aimait bien, et on le faisait bien. Et on avait des vrais clients, je veux dire : la plupart des clients, c'était des vrais clients, des gens qui s'étaient fait cabosser leur voiture, et qui étaient bien contents de nous trouver. Mais mon père a jamais voulu faire de la pub. Tout ça, il disait que c'était de l'argent qu'on jetait par les fenêtres, et il faut bien dire que le garage, pour le trouver, il fallait le chercher. Alors, c'est vrai qu'on avait des clients, mais peut-être pas assez pour éviter de fermer le garage. Et ça, pas question. Mon père, il aurait crevé de faim, il aurait bouffé des pneus plutôt que de fermer le garage.

Je suppose que c'est pour ça qu'ils se sont mis à faire... hum... à faire ce qu'ils faisaient, quoi.

Un jour où ils étaient allés « à la chasse », comme ils disaient, je suis redescendu de ma chambre, pour voir. Ils se mettaient toujours au travail juste après le dîner, et ils insistaient pour que j'aille me coucher. Ma mère dormait déjà. J'ai poussé la porte de l'atelier, juste un petit peu, et j'ai jeté un coup d'œil. Mon père et mes frères étaient accroupis autour de l'essieu avant. Ils avaient démonté la roue, et ils s'échinaient sur quelque chose qui était coincé là-dedans.

Josh a dit : « Elle est vachement enfoncée ».

Et le vieux : « Tu crois que tu vas l'avoir ? »

Jer' insistait pour que Josh le laisse essayer. Puis Josh a dit : « Attends... Je crois que je l'ai ».

Il a tiré de toutes ses forces, il avait une paire de pinces. Puis il a fait un bond en arrière, et il s'est vautré dans un tas de pneus. Les autres ont rigolé.

« Je l'ai ! » a dit Josh.

Et il s'est remis debout. Il tenait toujours sa paire de pinces en l'air, il y avait quelque chose au bout, que je voyais pas. Il est allé le déposer au fond du garage, dans une coupelle en acier où on jetait les petites pièces abîmées. Mon père lui tapait sur l'épaule : « C'est bien, mon gars. Allez, ça suffit pour aujourd'hui. Le reste, on verra demain ».

Je suis reparti aussi sec dans ma chambre. J'ai attendu qu'ils se couchent. J'ai attendu longtemps, pour être sûr, j'avais la pétoche, et je suis descendu dans l'atelier. J'ai allumé la lanterne, pour pas réveiller tout le monde, et j'ai contourné la Buick défoncée. C'était toujours la même histoire : un gars qui avait pris le virage un peu trop vite, à la sortie de l'autoroute, et son pneu avait éclaté. Il avait fait deux tête-à-queue avant de s'arrêter sur le talus. L'aile avant droite était tordue sur toute la longueur.

J'ai regardé dans la coupelle, et j'ai vite trouvé ce que je cherchais. Au milieu d'un tas de boulons faussés, il y avait une pièce que j'ai jamais vue dans une voiture. Une balle de 22 long rifle, tout écrasée. Je pense qu'elle avait traversé le pneu et qu'elle s'était logée dans la carrosserie. C'était ça que les grands voulaient pas que je voie. C'était pour ça qu'ils tenaient à passer au garage, le soir, sans moi. Pour effacer les traces.

J'ai pas été surpris de la voir, cette balle. En fait, je crois que je savais déjà, depuis longtemps. Je le savais sans le savoir, comment dire ? Je le savais...

– Inconsciemment, hasarda Adams du bout des lèvres.

– Ouais, c'est ça. Inconsciemment. En fait, j'étais rassuré, j'étais plutôt content. C'était ça que je cherchais à savoir, et je le savais, maintenant. Voilà, c'était sûr. Mes deux frangins, ils allaient pas à la chasse aux daims, ils allaient à la chasse aux bagnoles. C'était ça qu'ils appelaient « les cibles mouvantes ». Surtout, je comprenais pourquoi ils m'en avaient pas parlé avant. Et je savais qu'ils allaient m'en parler, c'était pas si grave dans le fond. Ils attendaient juste que je sois assez grand. Et ça viendrait forcément un jour. Je suis remonté dans ma piaule, et j'ai vachement bien dormi cette nuit-là. C'est mon frère Josh qu'est venu me réveiller à neuf heures, en me secouant comme un prunier : « Eh, la marmotte, faudrait te lever, on a du boulot ! – Ouais, j'ai dit, un sacré petit lot ! »

Et on a rigolé tous les deux. On a rigolé comme quand ils parlaient de la chasse aux daims, et que tout le monde comprenait sauf moi. Là, c'était le contraire. C'était moi qui comprenais, et pas eux. Mais c'était pas grave, on était tous ensemble, et pour une fois, on rigolait tous les deux. J'étais revenu dans la famille, j'étais bien.

On a eu des tas de bons moments, tous ensemble, à partir de là, jusqu'au début de l'été.

Et quand les frères partaient à la chasse aux daims, je restais sur le pas de la porte avec 'pa et 'man, et on se regardait du coin de l'œil, tout contents, et je savais ce qu'ils savaient, alors je pouvais rigoler avec eux, et je suis sûr au fond qu'eux aussi, ils savaient que je savais.

→ 4

– Et puis l'été est arrivé. C'était le moment de partir en vacances, pour ceux qui vont en classe, enfin, pour ceux qui partent en vacances, et cette fois, Bonnie m'a donné rendez-vous au bout de l'allée, en me disant : « Prends un grand sac. » Et quand je l'ai vue, j'ai compris. Elle m'avait ramené tous ses bouquins, tous ses cours de l'année. On a papoté un brin, elle m'a montré ce qu'ils avaient fait, ce qu'elle avait aimé, pas aimé. Puis elle m'a dit qu'elle allait partir dans le Maine, avec ses parents, pour un mois. Ils étaient censés partir une semaine plus tard, ou quinze jours, je sais plus. Au moment de se séparer, au lieu de me serrer la main, elle a touché mon front, tout doucement, du bout des doigts – moi j'étais pas à l'aise, parce que j'étais pas très propre. Et elle a dit : « Adieu, Rhett Butler. Vous êtes un mauvais garçon… »

Puis elle s'est approchée tout près, et elle a dit tout bas : « Mais je vous adore ».

Et elle m'a embrassé. Comme dans les films. J'ai jamais su pourquoi elle m'avait appelé comme ça. Rhett Butler.

– C'est dans un film, déclara le lieutenant. *Autant en emporte le vent.*

Le garçon hocha la tête.

– Ah, c'est ça…

– C'est un grand film d'amour, très romantique.

– Un truc de filles, un peu.

Adams acquiesça en souriant. C'était un soulagement d'avoir cette petite conversation tranquille, sur le cinéma. Le gamin resta rêveur, les yeux dans le vague, à faire durer ce moment qui n'était plus qu'un souvenir. À cet instant, il faisait sans doute ce que tout le monde fait : il imaginait les répliques qu'il aurait pu dire pour avoir la classe, et qu'il n'avait jamais dites, évidemment. Puis il soupira et reprit son récit.

– Je suis rentré chez moi avec mes bouquins, et j'ai pris l'habitude, après le boulot, de lire les cours qu'elle m'avait laissés. Au début, je voulais juste voir son écriture, son écriture de fille, avec les ronds sur les i, tout ça. Et puis je me suis pris au jeu. Je suis allé voir dans les bouquins ce que je comprenais pas dans les cours de Bonnie – en maths et en chimie, elle était un peu aux fraises, en fait. Et, en me voyant faire ça, les frangins ont commencé à me chambrer. Gentiment d'abord, et puis de moins en moins. Ils ont commencé par m'appeler Einstein, et puis après, ils se sont mis à faire des vannes sur Rhett Butler. Et là j'ai su qu'ils étaient venus nous épier, derrière le talus, et ça m'a vraiment fait mal.

Alors, j'ai râlé, de plus en plus, et comme ils arrêtaient pas, j'ai frappé mon frère Josh à la tête, le plus fort possible. Josh a regardé le sang qui avait coulé de son nez dans sa main, en répétant : « Espèce de petit... Espèce de petit... »

Puis il est devenu furax, il a pris un tisonnier et il a commencé à me courir après dans toute la baraque. C'est 'pa qui nous a séparés. De ce jour, on s'est plus parlé, avec mes deux frangins. Il y avait une sale ambiance, à la maison. Je continuais de sortir mes livres, ils me regardaient méchamment. Ils osaient plus me charrier, mais ils en crevaient d'envie. Et moi, j'en avais envie aussi, dans le fond. J'attendais que ça. Je rêvais de remettre un autre bourre-pif à mon frère. C'est horrible, hein ?

Adams hocha machinalement la tête. « Oui, c'est horrible, si on veut... Enfin, il y a des choses pires ». Mais il garda cette réflexion pour lui.

– Bref, c'était pas la joie, à la maison. Et puis j'ai reçu un coup de fil, de Bonnie, justement. Mon frère Jeremie était dans le coin, en train de se balancer sur sa chaise, il se curait les ongles, ou il faisait semblant de le faire, mais il me regardait, en même temps.

Alors, j'étais mal à l'aise. Je me sentais obligé de répondre à Bonnie que par « oui » ou par « non ». Elle me disait qu'elle partait le lendemain pour le Maine, et qu'elle aurait voulu me voir, avant. Elle était furax aussi que j'l'aie jamais rappelée. J'aurais bien aimé lui donner un rencard, mais je savais que mes frangins seraient là, alors j'ai dit que j'étais désolé, que j'avais beaucoup de travail, mais que je serais sur le bord de la route, le lendemain, pour lui faire signe. Je savais que c'était la route pour eux. S'ils devaient prendre l'autoroute, ils étaient obligés de passer par là.

Le lendemain, je me suis levé tôt, et je suis allé poireauter sur le bord de l'autoroute. C'était un peu après les grands départs, la circulation était pas très dense. J'ai vu la remorqueuse de l'autre côté de la route, juste avant le break des parents de Bonnie. Du coup, j'ai été un peu trop long à comprendre. Mais de toute façon, c'était trop tard. J'aurais voulu me lever, leur faire signe, je sais pas, peut-être me mettre en travers de la route, mais j'avais plus rien dans les jambes. La voiture m'est passée sous le nez, et tout le monde me faisait signe, à l'intérieur. Bonnie, ses parents, et même son petit frère. Ils venaient de s'engager dans le virage, et comme tout le monde, ils roulaient juste un peu au-dessus de la limite de vitesse. Juste ce qu'il faut pour quitter la route, quand un pneu éclate.

Le break a fait un tour sur lui-même, en accéléré, comme un animal blessé qui se recroqueville. Ils étaient déjà haut sur le talus, et ils ont dépassé la rambarde. Le break a dévalé le talus et, en arrivant au fond, il a explosé. J'ai tourné le dos à l'accident, et je me suis mis à marcher le long de la route.

J'ai marché jusqu'à la première station-service, j'ai acheté des bidons d'essence, et j'ai attendu la nuit. J'avais pas spécialement envie de faire quelque chose. Je me sentais tout vide, tout blanc à l'intérieur, et dans le fond, ça m'allait très bien. J'ai attendu la nuit, puis je suis rentré, à pied, le long de l'autoroute, avec mes deux bidons. Je me suis arrêté à cent mètres de la maison, et là j'ai encore attendu, parce que la lumière dans le salon était encore allumée. Je suis resté sans rien faire. Toutes les lumières se sont éteintes. J'ai pas bougé. Il a commencé à faire froid. Un chien au loin a aboyé, et là, je sais pas pourquoi, je me suis dit : « C'est le moment. » Et voilà.

→ 5

Le lieutenant Adams s'affala sur le dossier de son fauteuil, et se massa les doigts. Il n'avait pas cessé de taper. La déposition de Tom était prête. Le gamin la signa sans résistance. Adams lui annonça qu'il était en état d'arrestation, et qu'il serait conduit le plus vite possible dans un centre de détention pour jeunes délinquants. Ces mots lui déchiraient la gorge, mais c'était la procédure.

Parfois, son métier lui procurait, sinon du plaisir, une sorte de satisfaction. Le sentiment qu'il ressentit en recueillant les aveux spontanés de Tom Sheppard était loin de la satisfaction.

Tom fut transféré deux jours plus tard, dans une voiture banalisée. Au moment d'entrer sur le boulevard circulaire, le conducteur et les deux passagers – Tom était gardé par un homme en uniforme – entendirent le claquement brutal d'un pneu qui éclate. Aussitôt, le paysage se mit à tournoyer, et la barrière de sécurité s'approcha dangereusement du véhicule.

Les deux hommes assis à l'avant avaient perdu connaissance au moment de l'impact, mais ils retrouvèrent leurs esprits quelques minutes plus tard. Ils s'aperçurent alors que la porte arrière droite avait été sciée à la meuleuse. Le gamin avait disparu.

Le même jour, le lieutenant Adams reçut le rapport des pompiers qui avaient fouillé les cendres du garage Sheppard : aucune trace de tissus humains dans les décombres. L'incendie n'avait tué personne.

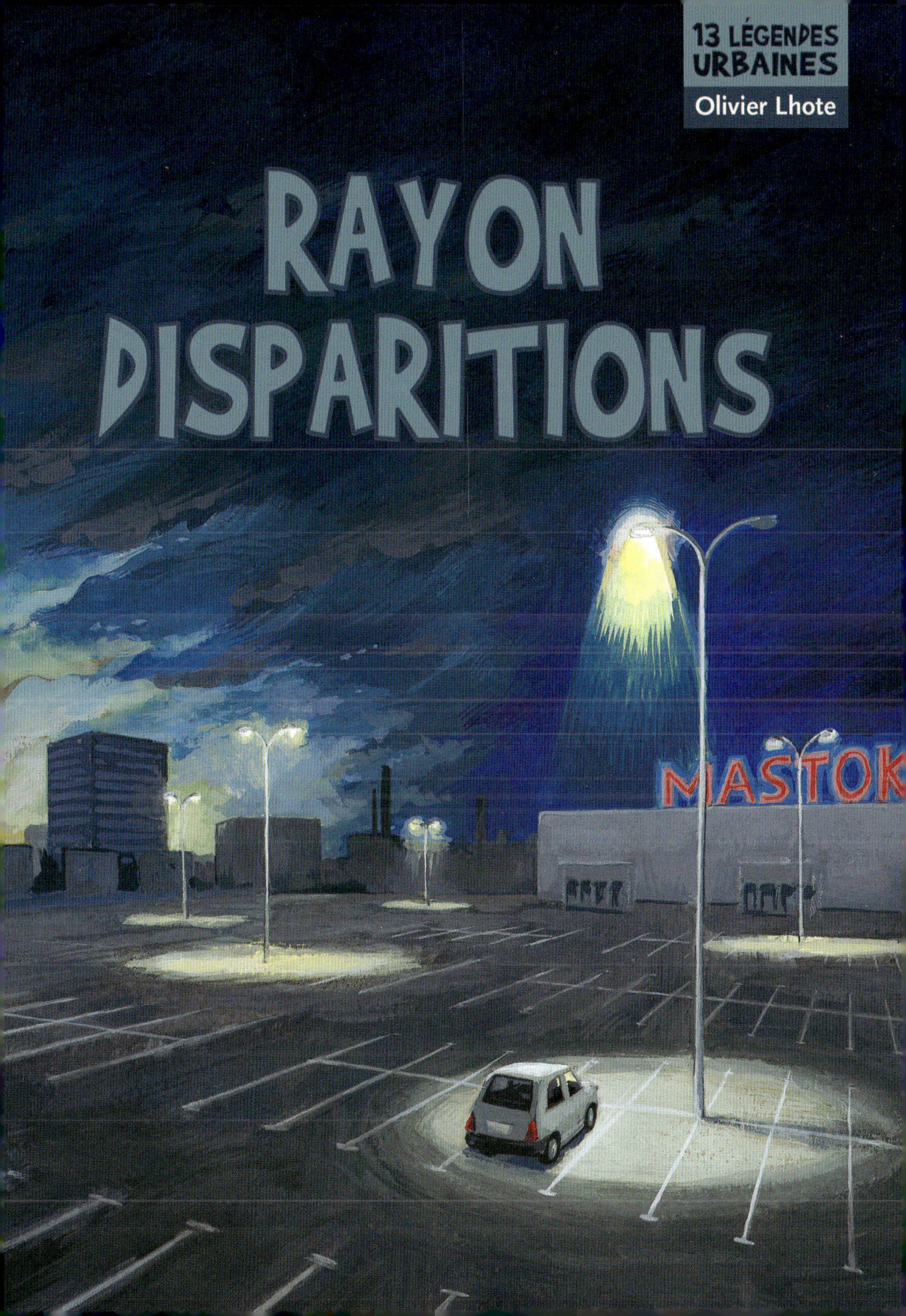
13 LÉGENDES URBAINES
Olivier Lhote
RAYON DISPARITIONS
MASTOK

Selon la rumeur d'Orléans,
les cabines d'essayage
de certains magasins de vêtements
seraient équipées de miroirs coulissants
cachant une porte.
Des jeunes filles disparaîtraient
dans ces pièges, pour ensuite
être emmenées dans des pays lointains.

RAYON DISPARITIONS

→ 1

J'ai attendu le dernier moment pour quitter le parking. Il ne restait sur l'asphalte qu'une Clio grise, tous phares éteints, abandonnée comme un chien en bord de route. Je me tenais dans le vent, les bras ballants, incapable de bouger, de prendre une décision. Devais-je prévenir la police ?

Je me suis repassé le film de cette étrange journée.

Alex, je ne la connaissais pas trop. Je la croisais parfois dans le bus, elle était de mon quartier. On se voyait peu mais elle me fascinait. Des cheveux ras, plus jaunes qu'un duvet de poussin, lui recouvraient le crâne. Ses yeux verts étincelaient comme des lampions de kermesse et on se sentait à la fête rien qu'à la regarder. Cette jolie bouille d'ange reposait sur un corps incroyablement dynamique qui la rendait irrésistible. Alex parlait peu, et à peu de gens. On la percevait comme une tête dure. Il faut dire que les filles en B.E.P. de maçonnerie ne courent pas les rues. Je devinais une musculature métallique sous sa salopette et je crois qu'elle prenait un malin plaisir à exhiber ses biceps saillants et secs. Elle voyait bien que les garçons bavaient sur son passage. Elle en riait, c'est sûr. Les costauds, les tombeurs, les machos, elle les brisait du regard.

Je ne sais pas pourquoi elle est venue discuter avec moi. Peut-être parce que je suis différent des autres. Je suis plutôt réservé et, en dehors de la lecture, peu de choses m'intéressent. Ne me parlez pas de foot, d'ordi ou de consoles, je n'y connais rien. Je n'ai pas de rêve dans la vie, puisque je m'évade par les bouquins. Mais Alex en avait, des projets. Et le premier, le plus important, était de construire une maison pour sa mère. Je crois que son père les avait laissé tomber toutes les deux. Elle le faisait payer à tous les garçons. Mais je vous l'ai dit, moi, elle est venue me parler.

– Tu rentres en bus ce soir ?
– Ben euh... Ouais, comme d'habitude.
– On l'attend ensemble ?
– Ouais, ouais bien sûr, j'ai répondu en lâchant mes bouquins.

J'étais désarçonné, j'avais plus les pieds dans les étriers. Houla, on se calme... Un vrai canon venait discuter avec moi...

– T'as l'air tout bizarre, qu'est-ce qui t'arrive ? m'a-t-elle lancé comme ça.
– Beuh, non, pas du tout. Tout va bien. Tu t'appelles comment ?
– Alex.
– Alexandra ? ai-je dit.
– Non ! Alex tout court.

Là, je l'avais vexée, ça commençait mal.

– C'est drôle que tu viennes me voir... ai-je bégayé.
– Pourquoi ?
– Je ne sais pas, d'habitude, les mecs, tu les brises en deux.
– Les abrutis tu veux dire. Toi, t'as l'air différent.
– Merci, c'est gentil.
– V'là le bus, a-t-elle coupé.

On est monté dedans. Moi sans trop d'efforts, vu que je flottais déjà au-dessus du sol. Rendez-vous compte, tous les élèves du lycée nous observaient, verts de jalousie.

Assis à côté d'Alex, le trajet a passé trop vite. Dans les virages, mon genou effleurait le sien et mon cœur s'affolait. Je ne m'étais jamais trouvé aussi près d'une fille, même une moche. D'un coup, je me retrouvais à la droite de la plus belle du monde. Je n'étais pas sûr que mon cœur tienne le choc. « Crise cardiaque dans le bus », qu'on allait lire dans le journal, « l'étudiant n'avait que quinze ans ». Quand je suis descendu, je savais tout des parpaings et du ciment. Alex parlait de son futur boulot avec passion. C'était un personnage. Je n'ai même pas osé l'embrasser au moment de nous séparer. Et je lui ai tendu la main, comme à un copain. Vous êtes gentils de ne pas rire, vous n'auriez pas fait mieux. Elle a refusé ma poignée de main et elle m'a lancé :

– Si tu veux, tu peux venir boire un Coca. Ma mère est à la maison. Tu verras, elle est vraiment sympa.

– Oh ben ouais, cool. Juste, si t'es d'accord, je passerai un coup de fil à mes parents. Ils sont un peu à cheval sur les principes.

Elle a fait oui du bonnet, et a commencé à marcher devant. Je l'ai rattrapée aussitôt et on a continué de parler.

→ 2

Alex a glissé la clé dans la serrure et entrouvert la porte :

– Je suis avec quelqu'un, maman ! Un copain.

– Entrez ! a répondu sa mère. J'arrive, j'ai les mains dans la vaisselle.

Ce n'était pas grand chez Alex, mais ça ressemblait vraiment à un intérieur de filles. D'abord, ça ne sentait pas les tennis après le sport et en plus, il y avait des fleurs partout et des coussins aussi. Janie, c'est comme ça qu'elle s'est présentée, est venue me serrer la main. Elle ne ressemblait pas vraiment à Alex, à part ses yeux qui brillaient tout pareil.

– Je m'appelle François Lemée, ai-je expliqué. J'habite derrière chez vous, dans la rue Guynemer.

– Je l'ai invité à boire un Coca, a ajouté Alex.

– Tu as eu raison. Je trouve que tu ne vois pas assez de copains, de copines.

– Des abrutis ! Les garçons sont des abrutis et les filles sont trop filles, a lâché Alex pour clore la conversation.

Je ne savais pas trop dans quelle catégorie me situer, mais enfin... J'étais là et c'était chouette.

– Tu te souviens qu'on va en courses ensuite, a rappelé Janie.

– Pas envie, 'man, et puis le frigo est plein.

– Je te parle de t'habiller. Tu n'as que ta salopette sur le dos, en permanence. Alors fais-moi plaisir, viens avec moi essayer deux-trois vêtements. Ça ne prendra qu'une demi-heure.

À ce moment, Alex s'est tue. Je n'ai jamais vu quelqu'un se métamorphoser à ce point, sans raison. Et pour tout dire, je ne me suis jamais trouvé en face d'une personne saisie d'une telle frayeur. Les yeux d'Alex lui sortaient du crâne comme pour fuir le diable, et sa peau a viré au blanc en une seconde. Ses mains se sont mises à trembler, puis sa tête et son corps tout entier. Elle a dû s'asseoir pour ne pas tomber et sa mère lui a saisi les poignets pour la réconforter :

– Ma chérie, tu ne vas pas recommencer avec cette histoire. Tout ça, c'est des légendes idiotes. Tu ne vas pas croire tous les bruits stupides qui circulent, non ?

Mais Alex semblait déjà ailleurs, loin de nous, absente.

– Quelles légendes ? ai-je chuchoté à l'oreille de Janie.

– Ma fille est persuadée qu'on enlève les femmes dans les cabines d'essayage des grandes surfaces. Ensuite, on les vendrait dans des pays lointains.

– Jamais entendu un tel truc.

– Je crois que c'est devenu une psychose. Il faudra que je me décide à l'emmener chez un médecin.

– Si vous êtes d'accord, je peux vous accompagner toutes les deux. Je veux dire… faire les magasins, pas chez le médecin. Peut-être que ça va la rassurer. Je ne suis pas bien costaud, mais si elle se sent plus en sécurité…

– Je suis d'accord. On va patienter un peu, le temps qu'elle se détende, et ensuite nous irons au centre commercial. Ça fait plus d'un an qu'elle refuse de s'y rendre, je crois que c'est l'occasion puisque tu es avec nous. Elle finira par comprendre qu'on ne craint rien à essayer une jolie robe ou un jean.

– Très bien, ai-je conclu, si cela ne vous ennuie pas, je vais prévenir mes parents.

→ 3

Elle roulait pas mal, la Clio de Janie. On n'a pas mis plus de dix minutes pour rejoindre l'hypermarché. Janie n'avait pas tourné sur le parking qu'Alex nous a refait une crise. Je l'ai vue se cramponner à l'accoudoir comme si on allait se crasher.

– Hé ! Ho ! Alex, tu ne te sens pas bien ? ai-je demandé.

– Il y a des ondes, je capte des vibrations… a-t-elle bafouillé.

– Mais qu'est-ce que tu racontes encore ? a grogné sa mère qui ne trouvait pas de place.

– Je n'aime pas ça du tout, a continué Alex.

– Tu n'aimes pas quoi ? me suis-je intéressé.

– Mais bon sang, regarde autour de toi !

– Ben calme-toi, je ne vois rien.

– Mais si, ces camionnettes ! Là ! Et là encore. Il y en a partout. Il y en a trop.

– Mais enfin ma chérie, s'est radoucie Janie en terminant sa manœuvre. Ce sont des voitures comme les autres.

– Justement non. Les vitres sont peintes. Et puis je ne les sens pas du tout... Je reste dans la Clio.

– Certainement pas, tu viens avec nous. Ton ami nous accompagne. On est trois, tout va bien se passer.

On a bataillé pendant quinze minutes pour qu'Alex sorte de la voiture. Je suis allé chercher un chariot et on s'est dirigé vers la porte 6. Les gens nous regardaient bizarrement parce qu'Alex se dévissait la tête à vérifier qu'on ne la suivait pas. Du coup, elle disait que tout le monde était de mèche. J'avais beau lui expliquer que si elle adoptait un comportement normal, plus personne ne la regarderait, elle ne m'entendait pas. Sa mère a essayé de détendre l'atmosphère. Il faut dire que ce qui pouvait s'apparenter à un acte normal – faire des courses – prenait des proportions dingues dans l'esprit de ma voisine. On avançait dans la galerie commerciale, on ne marchait pas encore dans l'hyper proprement dit. En conséquence, nous étions loin des cabines d'essayage. Malgré tout, Alex avançait avec précaution, plus vigilante qu'une bête traquée. Elle surveillait tous les recoins de la galerie, histoire de déceler un indice quelconque. Je ne voyais pas ce qu'elle risquait de dénicher mais, à force, je commençais à avoir un peu honte.

Janie râlait un peu :

– As-tu fini ton cinéma ?

Mais Alex ne répondait pas. La sueur lui roulait des tempes jusque sur le menton. Quant à moi, je regardais tout autour pour d'autres raisons. Je voulais m'assurer de ne pas tomber sur des copains. En temps ordinaire, j'aurais été superfier d'être surpris aux côtés d'Alex, mais là, vraiment, elle ressemblait trop à une folle furieuse. Finalement, on est entré dans le supermarché.

– Tiens, tu n'as qu'à pousser le chariot, ça te fera penser à autre chose, ai-je proposé.

J'ai vu les veines, les muscles et les poings d'Alex se durcir et j'ai gardé le Caddie. Décidément, elle n'était pas prête à la plaisanterie. Et soudain, son regard s'est immobilisé dans une direction. Elle a pilé net, sur place.

– On se tire ! a-t-elle lancé.

– Hors de question, a répondu Janie. Tu as fourni un gros effort en venant jusqu'ici. Tu as combattu ton angoisse, alors ne baisse pas les bras.

– Mais qu'est-ce qui se passe ? ai-je questionné. Qu'est-ce que tu as vu ?

– Un type. Il me regardait.

– C'est pas le seul. T'es une belle fille. Il est où ?

– Il a tourné vers les conserves.

– Je vais aller le voir, ai-je proposé.

– T'es fou ! Je dis qu'on doit se sauver d'ici.

Mais là, sa mère est sortie de ses gonds :

– Écoute, Alex. Rien ne te fait peur dans la vie. À cinq ans, tu te battais déjà avec les garçons de huit ans et tu leur mettais une raclée. À douze ans, tu as collé ton poing dans la figure d'un gentil garçon parce qu'il t'avait écrit une belle lettre d'amour. Tu es plus costaude que n'importe quel élève de ton lycée et tu veux me faire croire qu'un bonhomme qui achète des boîtes de haricots te terrorise ? Ça suffit maintenant ! Ton ennemi, c'est toi et personne d'autre. Cesse de te passer ce film en boucle. Regarde la réalité et tu verras qu'il n'y a dans ce magasin que des consommateurs tout à fait normaux. Je te donne dix minutes pour revenir sur terre. Tu vas me suivre dans tous les rayons. Nous allons inspecter ce supermarché et en profiter pour remplir le chariot. Et quand tu seras revenue à toi, nous irons ensemble choisir une ou deux robes. Est-ce que c'est bien clair ?

Alex ne bronchait pas. Elle venait d'essuyer une sacrée volée de bois vert, un électrochoc.

– O.K. maman, a-t-elle grincé.

Et puis elle a baissé la tête.

C'était reposant de ne plus la voir guetter de droite et de gauche. La tension était retombée. On se dirigeait vers les fruits et légumes.

→ 4

Notre chariot avait belle allure et m'ouvrait franchement l'appétit. Mon ventre me le faisait savoir un peu bruyamment. Les produits frais sentaient bon la campagne. Janie avait acheté des saucisses et des plats cuisinés alléchants. J'espérais presque une invitation pour le soir. Alex semblait détendue, un peu moins sur ses gardes. À plusieurs reprises, j'ai bien constaté que des hommes la regardaient. Certains ne me plaisaient pas plus que ça. Des gueules sinistres, l'œil vicieux et les joues couvertes d'un poil dur. Mais que faire ? Je vous l'ai dit, Alex était une jeune femme fascinante. Son look particulier, ses cheveux ras et sa moue de boudeuse lui donnaient une vraie classe. Ça n'avait rien d'étonnant de voir des hommes l'observer.

J'ai préféré ne rien dire. Janie s'évertuait à lui démontrer que le rayon fromage n'avait rien de dangereux, je n'allais quand même pas tout mettre par terre.

Et puis le moment de vérité est arrivé. Le Caddie débordait et on avait fouillé tous les recoins du magasin. On n'était pas allé regarder derrière les paquets de café, mais pas loin. Je vous jure, on avait inspecté chaque rayon. Les vigiles ne devaient pas être derrière leur caméra de surveillance, parce qu'ils auraient sans aucun doute prévenu l'hôpital psychiatrique. Alex avait peut-être eu un comportement de folle à notre arrivée, mais à côté de nous, fouillant tout de fond en comble, c'était de la rigolade.

– Et maintenant que tout va bien, s'est exclamée Janie, on va se faire un vrai plaisir de filles ! Direction le prêt-à-porter. On va enfin pouvoir essayer des vêtements et porter un coup fatal à ton étrange phobie.

Alex a essayé de sourire mais elle n'est parvenue à soulever qu'un côté de sa lèvre supérieure. On aurait dit un chien, qui se demande s'il va mordre ou non.

– Je vais inspecter les cabines, ai-je lancé, pour rassurer tout le monde.

Mais ça n'a servi qu'à attiser les angoisses d'Alex. Son visage s'est crispé légèrement et heureusement, sa mère a rattrapé ma gaffe.

– Il a raison, ma chérie. De cette façon, tu seras tranquille. Et puis n'imagine pas que je vais te laisser seule dans une cabine. Nous allons y aller toutes les deux. Allez, viens, je vais t'aider à choisir une jupe.

– Maman, tu sais bien que je n'aime pas m'habiller en fille. Tu ne préfères pas qu'on achète une salopette ?

– Bon, bon, bon, a concédé Janie. Je veux bien pour cette fois, si ce n'est pas un bleu de travail.

Alex a réussi à sourire ce coup-là. C'était gagné. Janie s'est tournée vers moi et m'a parlé à l'oreille.

– Mon petit François, vous avez été super. Je vous propose d'aller vous balader du côté des revues. Prenez celle qui vous plaît, je vous l'offre. Parce que voyez-vous, nous allons aussi choisir des petites affaires plus féminines, des culottes, des choses du genre...

– Oh oui, oui, je... comprends, oui bien sûr. – Les joues me cuisaient. Je me sentais idiot. – Je m'en vais tout de suite.

Et j'ai abandonné Alex et sa mère, mais pas tout à fait.

→ 5

Je n'ai pas pu me résoudre à les quitter des yeux. Je ressentais le besoin de protéger Alex. C'était complètement stupide, puisque sa mère et moi étions d'accord sur le fait que les enlèvements n'étaient que légendes. Et d'ailleurs, personnellement, je n'avais jamais eu peur de quoi que ce soit dans un hypermarché. Et pourtant, je me retrouvais, caché derrière les caisses en bois de la foire aux vins, à surveiller les faits et gestes de ma nouvelle amie.

– Tu deviens débile, mon pauvre François, je me répétais à voix basse. Cette fille est folle et ses angoisses sont contagieuses...

– Elle est jolie, c'est sûr !

Je me suis redressé d'un coup pour voir qui me parlait et je suis tombé à la renverse. Le bonhomme à la face patibulaire riait derrière moi.

– Moi aussi, je la trouve mignonne, la gamine.

– N'importe quoi, lui ai-je lancé au visage. Et puis ce n'est pas du tout ce que je regarde.

Il a ricané de plus belle.

– Ah bon ? Tu surveilles le vin alors ?

– Non, je la protège de...

J'allais dire « de types comme vous » et je me suis arrêté à temps. Je me suis trouvé bête et sans voix. J'ai jeté un œil en direction du prêt-à-porter. J'ai vu Alex et sa mère disparaître dans une cabine d'essayage, des vêtements plein les bras. Je n'avais plus rien à faire ici. J'ai décidé de me rendre au rayon des revues.

– Et puis laissez-moi tranquille, vous ! ai-je balancé.

Le bonhomme a effacé son sourire et repris son allure inquiétante. Je sentais son regard me percer le dos. Au bout de quelques mètres, je me suis retourné, il avait disparu.

Arrivé au coin presse et librairie, j'ai commencé à feuilleter un magazine au hasard, sans même savoir de quoi il parlait. Ce type m'avait mis hors de moi. S'il fallait soupçonner quelqu'un c'était bien lui, avec ses airs louches et sa démarche traînante. À croire qu'il n'était pas ici pour acheter. Acheter. Le mot s'était mis à tournoyer dans ma tête comme un papillon autour d'une lampe. Acheter ! Mais bien sûr ! Je n'avais pas souvenir de l'avoir vu porter un panier ou pousser un chariot. Avait-il pris quelque chose en rayon, au moins ? Non ! La réponse à ma question m'a fait l'effet d'une douche glacée dans la nuque et j'ai lâché le magazine. Je me suis mis à courir en direction des vêtements pour femmes. Je zigzaguais entre les clients et les Caddie.

– Pardon, pardon, c'est urgent, poussez-vous...

J'ai pilé net devant les cabines d'essayage. Sur les cinq, une seule était fermée.

– Alex ! ai-je appelé. Alex ? Janie ?

J'ai tambouriné à la porte avec la détermination d'un agent du FBI.

– Alex, sors de là !

Et la porte s'est ouverte.

– Mais vous n'êtes pas bien, jeune homme ? m'a sermonné la mamie qui terminait de se rhabiller.

– Poussez-vous, ai-je balancé, je veux voir dedans.

Mais à l'intérieur de cette minuscule cabine, je n'ai trouvé que le linge de la vieille femme. Je suis sorti de là, un peu par force, puisque deux agents de sécurité venaient de me saisir le bras.

– Allez, amène-toi, petit bonhomme. Je crois que tu as besoin d'un peu de calme.

→ 6

Les gardiens m'avaient installé dans leur bureau qui surplombe le magasin. Ça sentait le café et les biscuits pas chers. Ils m'en ont proposé, mais j'ai refusé. Ils ne comprenaient pas l'urgence.

– Elle est un peu étrange ton histoire, mon garçon. Nous, on veut bien te croire, mais quand même. Je pense plutôt que tes amies sont dans un autre rayon ou au pressing ou... Est-ce que je sais, moi ?

– M'sieur, on peut regarder vos caméras de surveillance ?

– Écoute, je veux bien faire ça pour toi, parce qu'on n'est pas trop débordé, là, tout de suite. Mais ensuite tu me promets de rentrer chez toi directement et de ne pas mettre le bazar en bas.

– O.K. !

Les types ont mis le magnétoscope en route. On a visionné la cassette propre du rayon, mais un peu en accéléré. Et puis j'ai fait arrêter au moment où j'ai reconnu Alex qui choisissait une salopette.

– Ouah, pas mal ! a lâché un agent.

J'ai grimacé.

Il est passé en mode lecture. Je détaillais Alex, sa mère et surtout les alentours pour dénicher un suspect. Mais au moment où elles se sont dirigées vers les cabines, le film est revenu au début.

– Hey, mais c'est quoi ce truc ! ai-je hurlé.

– C'est la fin, quelle blague !

– Comment ça ?

– Tu ne crois pas qu'on va mémoriser douze heures de bande. Les cassettes tournent en boucle et ensuite elles écrasent ce qui a déjà été enregistré. On ne peut visionner que les trente dernières minutes à chaque fois. C'est suffisant en cas de vol ou de braquage.

– Donc on ne les voit pas ressortir.

– Sûrement que si. Mais si ça fait quarante minutes, c'est raté.

– Oh nooon...

– Bon allez rentre chez toi maintenant. Tu l'as promis. Je ne veux pas d'histoires dans le centre.

– D'accord, m'sieur.

Ils m'ont laissé redescendre seul les marches vers le magasin. J'avais la tête pleine de doutes et je battais mes idées comme une machine à laver retourne le linge sale. Alex avait eu raison, finalement. Elle et sa mère avaient été enlevées par un gigantesque réseau. C'était ça, les camionnettes sans vitres sur le parking. Et puis les hommes louches dans le centre commercial. Avec un peu de malchance, les vigiles appartenaient au groupe. Ils effaçaient les bandes d'enregistrement à mesure que les femmes disparaissaient. Je m'étais fait piéger ; le sale bonhomme m'avait écarté de mon poste de surveillance puis il avait donné le feu vert à ses acolytes.

Je ruminais tout en traversant le magasin. Toute cette histoire tenait debout, mais je n'avais aucune preuve. Ce qui m'autorisait malgré tout à échafauder d'autres scénarios. Il fallait avant tout sortir et vérifier la présence de la Clio. Si elle n'était plus là, cela signifiait que Janie et sa fille étaient rentrées à la maison. Mais quand même, elles ne m'auraient pas abandonné ? À moins que... Eh oui ! À moins qu'Alex se soit trouvée mal dans la cabine ! Mais oui ! Évidemment ! Alex avait dû avoir une crise de *delirium* et Janie l'avait accompagnée d'urgence à l'hôpital. Pas le temps de me prévenir, j'allais comprendre.

Je me suis dirigé vers la porte 6. J'allais sortir et tout allait s'éclaircir.

→ 7

Le soleil avait lui aussi disparu derrière les immeubles et le vent s'était levé timidement. Toutes les voitures s'habillaient d'un reflet gris, sur un macadam qui ressemblait de plus en plus à une mer d'huile où tanguent à peine les embarcations. Il ne restait guère qu'une trentaine de véhicules, que les derniers consommateurs rejoignaient. J'ai fini par distinguer la Clio de Janie et mon cœur s'est resserré. Le parking se vidait lentement. J'ai entendu derrière moi l'annonce de fermeture du centre commercial et les lumières n'ont pas tardé à s'éteindre. J'ai patienté. Alex pouvait très bien être à l'infirmerie de l'hypermarché. On n'enlève pas si facilement deux femmes. Je ne voyais plus les camionnettes aux vitres opaques.

Des véhicules d'ouvriers sans aucun doute. Aucun doute ? Mais si. Le doute subsistait. Les employés abandonnaient maintenant leur lieu de travail et, en dix minutes, l'endroit est devenu désert.

J'ai attendu le dernier moment pour quitter le parking. Il ne restait sur l'asphalte qu'une Clio grise, tous phares éteints, abandonnée comme un chien en bord de route. Je me tenais dans le vent, les bras ballants, incapable de bouger, de prendre une décision. Devais-je prévenir la police ?

Je me suis repassé le film de cette étrange journée. Et j'ai commencé à marcher en direction de mon quartier. Il fallait maintenant se rendre à l'évidence. Alex avait été enlevée, ainsi que sa mère. J'ai jeté un œil en arrière. La voiture trônait tristement sur le sol gris.

Et puis un gyrophare et une sirène m'ont sorti de mes pensées. Une ambulance démarrait en trombe et semblait s'échapper du supermarché. Mon cœur s'est remis à battre. L'explication s'imposait enfin à moi : Alex avait dû se sentir mal dans une cabine et on avait appelé les urgences. Tout simplement.

À moins que...

À moins que le réseau n'emploie une ambulance pour faire voyager les deux corps endormis, vers des pays du bout du monde...

13 LÉGENDES URBAINES
Alain Venisse
GARE AU CROCO !

On raconte que des gens
élèvent toutes sortes d'animaux
dans leurs appartements :
mygales, crocodiles, serpents.
Quand les bestioles deviennent
trop encombrantes, ils s'en débarrassent
en les jetant dans les toilettes.
De nombreux crocodiles
vivraient et proliféreraient alors
dans les égouts des grandes villes...

GARE AU CROCO !

→ 1

– Dis donc, qu'est-ce que ça pue, dans le coin !

– Tu trouves ? Ben tu devrais venir renifler le local aux poubelles, dans mon immeuble !

Assis sur une grosse pierre, Danny et Fred discutent. Le soleil va bientôt se coucher, l'ombre commence à envahir le terrain vague. À moins d'un kilomètre, les premières lumières s'allument aux fenêtres de la cité. Quelque part, des chats se battent en poussant des cris aigus. Plus près, un chien hurle à la lune, plantant une note franchement sinistre dans un décor déjà pas bien gai.

Mais n'est-ce pas le but recherché, justement ? Depuis que la bande existe, chaque samedi, elle se réunit à la nuit tombée dans un lieu différent pour jouer à un jeu vieux comme le monde, entre adolescents : se faire peur en racontant des histoires à frémir debout.

Danny, lui, n'a pas encore l'habitude. C'est la nouvelle recrue, il a rejoint le groupe voici cinq jours seulement, parrainé par Fred le tatoué. Ce soir, c'est la rencontre officielle avec les autres, même s'il en connaît déjà certains. Voilà pourquoi Fred et lui ont préféré arriver en avance, afin de préparer le terrain. Drôle de terrain, d'ailleurs. Juste à côté du gros collecteur où débouchent les égouts de la ville. Ce qui en sort traverse le terrain vague en ligne droite pour aller se jeter plus bas dans un bras de rivière à la couleur indéfinissable. D'où l'odeur ! Mais qui a eu l'idée de fixer rendez-vous dans un endroit pareil ?

– Qui ? Le grand Curd, bien sûr ! réplique Fred à cette question stupide. Mais un conseil : t'as pas intérêt à lui prendre la tête avec ça, si tu tiens à garder toutes tes dents !

Curd, c'est le chef. Enfin le chef, pas vraiment. Il n'a ni uniforme, ni badge ni galon. Juste deux ans de plus. Côté look, une casquette de rappeur aux teintes flashy, toujours vissée à l'envers. Sans compter qu'il fait de la muscu, ça lui donne sur la bande un sérieux ascendant. Tiens, quand on parle du loup... le voilà qui descend le petit talus de terre en roulant des mécaniques, comme à son habitude.

– Salut, toi ! lance-t-il au tatoué.

Puis son regard se pose sur Danny.

– Déjà là ? C'est bien. Tu verras, si t'es cool, avec nous tu vas pas t'ennuyer !

Il a dû retrouver les autres en ville auparavant, car une dizaine de silhouettes se profilent derrière lui, dans le soleil couchant. Chacune porte quelque chose. À deux quand c'est trop lourd. Des paquets de viande et de saucisses, un grand brasero, et de quoi boire. Un quart d'heure à peine, et tout est en place. Des torches ont été plantées en cercle, pour l'éclairage. Le brasero est allumé, dessus grillent les premières brochettes. Ça efface un peu les relents fétides. Pourtant certains froncent encore les narines, sans oser protester. Et surtout pas Danny.

Musclé mais pas aveugle, Curd s'en aperçoit. Ceux qui l'entourent sont ses potes, ils ont droit à des explications.

– Si j'ai choisi qu'on se réunisse ici, c'est pour vous mettre dans l'ambiance. Parce que l'histoire que j'ai à vous raconter se passe en grande partie dans les égouts. Mais attention, ça n'est pas un truc inventé ! C'est vraiment arrivé à un type dont j'ai oublié le nom, dans une ville pas loin d'ici.

Ses yeux se tournent vers la lune, pour l'instant voilée de nuages. Son regard devient lointain, tandis qu'il se concentre avant d'entamer son récit.

→ 2

– Max... Disons que le gars s'appelait Max. Peu importe. Il travaillait à l'entretien des égouts. Ça veut dire qu'il descendait dedans tous les jours. Enfin, il descendait dans la merde ! Car qu'est-ce qu'il y a d'autre, dans les égouts ? Des vieux cageots en bois pourris, des boîtes de conserve rouillées, des restes d'objets cassés, des sacs en plastique, des résidus de bouffe décomposés. Et du caca... Plein de caca. Tout le caca de toutes les chiottes de tous les immeubles de la ville !

Y a des rats, aussi. Des gros, des petits, de tous les âges, de toutes les couleurs. Les jeunes égoutiers en ont peur. Mais les anciens, ceux qui ont du métier, vous diront qu'ils sont pas si méchants, dans le fond. Faut bien qu'ils vivent, comme tout le monde. Ils vous font pas de mal, si on les embête pas. C'est tellement crade, en bas, ça les gêne pas de partager avec quelques humains ! Max avait même essayé d'en apprivoiser, comme dans le film *Willard*. Mais ça, c'est du cinéma, ça marche pas en vrai.

Bref, un jour, Max se rend compte qu'on en voit de moins en moins. Une semaine encore, et plus de rats. Plus du tout, aucun nulle part. Dans les bureaux de la municipalité, il entend dire qu'une femme offre une récompense à qui lui ramènera son caniche, perdu à un angle de rue. Et aussi que des chats disparaissent chaque nuit. Toujours à côté d'une bouche d'égout, d'une grille de caniveau, d'une ouverture d'écoulement.

Le meilleur copain de Max, le plus âgé de l'équipe, le prend alors à part : tous ces problèmes avec les bestiaux ne l'étonnent pas. Ils se font simplement bouffer par quelque chose de beaucoup plus gros qu'eux, de beaucoup plus féroce ! Avant, les gens vivaient avec des chiens, des chats, des hamsters, des lapins nains. Aujourd'hui, la mode a changé. On adopte des scorpions, des tortues aquatiques, des serpents... même des bébés crocodiles ! Et puis, quand leurs maîtres s'aperçoivent qu'ils deviennent trop gros, ils s'en débarrassent vite fait, avec les moyens du bord. La cuvette des cabinets a la préférence. Facile, toujours à portée de main. Les tortues sont trop lourdes pour passer, les serpents trop longs. Mais ça marche sans problème avec les jeunes crocos. Un coup de chasse d'eau, et salut ! Fini la bestiole encombrante.

Sauf qu'après, tout ça aboutit dans les égouts, où ils trouvent de quoi bouffer à volonté. Y en a plein, tout le monde le sait, personne n'en parle. On raconte même que les plus résistants se transforment, qu'ils deviennent géants. Normal, avec les saloperies chimiques qu'on leur balance chaque jour !

Vous imaginez un peu la tête de Max, quand son vieux pote lui débite ses salades ? Des crocos dans les égouts... Et puis quoi, encore ? Max se marre un bon coup, histoire de bien montrer qu'on la lui fait pas. Mais c'est autre chose le lendemain, quand il ne voit pas remonter son ami. L'autre était descendu en équipe, pour une inspection de routine. À un moment donné, il s'est éloigné du groupe. Ensuite ses collègues ont entendu de drôles de bruits, ils sont revenus sur leurs pas. Mais ça n'a servi à rien ! Plus personne en vue. Ni homme ni bête.

Après, y a eu plusieurs expéditions pour le retrouver, vous

pensez bien. Mais inutiles, à chaque fois. On n'a jamais retrouvé le bonhomme. L'enquête a fini par conclure à un accident. Il aurait glissé, se serait noyé, et son corps aurait été emporté par le courant... Un égoutier professionnel, ancien maître nageur, en plus ! Vous y croyez, vous ?

Eh ben Max, lui, il y croyait pas ! Il s'est porté volontaire, a enchaîné les missions en groupe, fait des heures sup. Chaque prétexte était bon pour mieux fouiller les tunnels. Et plusieurs fois... Oui, plusieurs fois lui aussi a cru entendre comme des bruits bizarres, souvent pas très loin !

→ 3

À ce stade du récit, Curd marque une pause inattendue. Déjà qu'il avait baissé la voix sur sa dernière phrase, pour prendre le ton de la confidence... Autour de lui règne un silence de mort. Toute la bande reste suspendue à ses lèvres. Certains, la bouche pleine, se sont même arrêtés de mâcher. Au loin, le chien aussi l'a mise en veilleuse.

Une expression inhabituelle flotte sur les traits de Curd, qui semble maintenant tendre l'oreille, tel l'Indien sur le sentier de la guerre qui guette l'approche d'un ennemi invisible. Lentement, son visage se tourne vers l'orifice du gros collecteur, distant de dix mètres à peine. Aussitôt imité par l'ensemble de ses auditeurs. À commencer par Danny, que le chef a installé près de lui et qu'il n'a cessé de fixer en racontant son histoire. Un Danny pas franchement à l'aise en cet instant. C'est fou ce qu'on peut imaginer à l'intérieur d'un pareil trou, plongé dans les ténèbres... À croire que n'importe quoi peut en surgir d'une seconde à l'autre.

Mais l'attitude de Curd se détend. Ses yeux se reportent sur sa douzaine de compagnons, figés en mode pause.

– J'ai cru... commence-t-il, encore soucieux, puis, se secouant : Non, rien... On a le droit de se tromper, pas vrai ? Alors, ça vous intéresse, de connaître la suite ?

Le temps reprend son cours, en fond sonore le chien se remet à gueuler. Et les mangeurs finissent d'avaler, pour joindre leurs voix à la réponse unanime.

Visiblement, Curd apprécie. Regonflé à bloc, il puise une nouvelle inspiration dans la contemplation des flammes du brasero.

➔ 4

– Où j'en étais, déjà ? Ah oui, aux bruits que Max entendait. L'ennui, c'est que les autres ne le croyaient pas. Ou qu'ils faisaient semblant, c'est pire ! Ça l'a dégoûté. Au point qu'il s'est mis à descendre seul dans les tunnels, en cachette. Pour lui, rien de plus facile : les bouches d'égouts, y en a partout, il les connaissait par cœur. La nuit, il en ouvrait une et se glissait dedans avec sa combinaison protectrice, sa torche électrique... et un pistolet de gros calibre acheté en douce. Il avait des comptes à régler, si vous voyez ce que je veux dire. Pour lui, son pote était pas mort de façon accidentelle. Et ce qu'il lui avait raconté avant prenait un autre sens.

Si un gros animal rôdait bien dans les égouts, il devait être assez fort pour éliminer ses ennemis. Assez malin aussi pour se cacher à l'approche d'hommes nombreux et bruyants. La seule façon de le coincer, au contraire, c'était d'agir en solitaire, de ne faire aucun bruit, de se fondre dans le paysage. Seulement, c'était grave dangereux, en même temps. Plus d'une fois Max a cru que son cœur allait s'arrêter, en entendant un grondement derrière lui, un grincement dans le tunnel d'à côté, l'écho d'une cavalcade déboulant dans sa direction. Fausse alerte, à chaque coup. C'est comme ça, ces foutues galeries : c'est long, c'est creux, ça résonne. Ça répercute les sons, parfois à des kilomètres. Et puis rien, au final !

Max était sur le point de perdre courage quand, un jour... ou plutôt une nuit, il a enfin vu quelque chose. Quelque chose de réel, un truc qu'on pouvait pas discuter, impossible à confondre avec une illusion ou un mirage. C'était là, devant lui, sur le mur d'en face : une ombre ! Mais une ombre énorme, gigantesque, qui bougeait avec les précautions d'un fauve guettant sa proie.

Et puis il y a eu ce couinement horrible, ce véritable cri de mort. Celui d'un animal qu'on égorge, et qui essaie de se défendre sans espoir. Le temps que Max se précipite, le flingue à la main, c'était déjà fini. Il a juste pu voir de grosses bulles monter du canal puant, au milieu des remous. Et sur la berge, la moitié de ce qui avait dû être un chien de grande taille, qui tressautait encore avec les boyaux à l'air.

Max en avait pourtant vu, dans son boulot. Mais là, il a tout vomi son goûter. D'un autre côté, il était pas mécontent. Enfin il avait une certitude ! Et une idée, par la même occasion : pour attraper un monstre de cette taille, il lui fallait un appât à sa mesure ! Comment Max avait pu ne pas y penser plus tôt ?

Le lendemain, avec ses économies, il achète chez le boucher un énorme quartier de bœuf. Je vous raconte pas la galère, à la tombée de la nuit, pour le descendre sur son dos sans se faire remarquer. Bref, il retrouve l'emplacement de la veille, dépose la barbaque, et revient se planquer derrière le premier coude de la galerie, avec son artillerie prête. Et il attend. Une heure, peut-être deux. Faut quand même pas oublier qu'il bosse dans la journée, il est crevé, ses yeux commencent à se fermer. Et soudain...

→ 5

– AH NON, là ça suffit ! Tu charries !

Cette fois, une vague de protestations vient d'accueillir la nouvelle interruption du conteur. Pourtant Curd n'a pas l'air de plaisanter. D'un geste, il fait taire son petit monde, puis se remet à fixer la sortie du collecteur, sourcils froncés. Les secondes passent sans qu'il reprenne la parole.

– Tu vois quelque chose ? risque enfin une voix dans la bande.

– Moi ? Non, je vois rien, pauvre naze. Pourquoi je verrais quelque chose, là où y a rien à voir ? Et puis qu'est-ce que vous avez tous, à me regarder comme ça ? Vous voulez savoir la fin de l'histoire, oui ou non ?

Décidément, ce soir Curd n'a pas l'air de bonne humeur. Autant ne pas le contrarier. Un murmure approbateur monte jusqu'à lui. Quelques instants encore, pour reprendre son calme, et il se lance de plus belle :

– En fait, je me demanderai toujours si Max y croyait pour de bon, avant de l'avoir sous les yeux. Oui, c'était bien LE CROCO, le fameux croco de ses cauchemars ! Celui qui avait dévoré les rats, avalé son ami, décimé les chiens et les chats du quartier. Sept mètres de long, à vue de nez, peut-être huit. Des yeux comme des braises, des dents comme des poignards, une peau écailleuse aussi dure qu'un blindage. En trois bouchées, il a déjà englouti la carcasse de bœuf. Un simple hors-d'œuvre pour lui, une façon de se mettre en appétit. Maintenant, il flaire la présence d'une autre proie, bien vivante celle-là, et son regard vicieux se tourne vers Max. Pas trop à l'aise dans ses chaussettes, vous vous en doutez.

Dans la main du bonhomme, le gros calibre se met à trembler.

C'est une chose de le tenir, une autre de savoir l'utiliser. La peur, ça paralyse. Et Max a jamais tiré sur personne. Même pas sur le genre d'horreur qui rampe maintenant vers lui. Et puis tout se déclenche d'un coup. Le croco bondit, Max fait feu comme un malade. Tout son chargeur y passe en un rien de temps. Sa dernière balle entre dans la gueule béante au-dessus de lui. Elle traverse la cervelle du monstre, explose son crâne et fait jaillir ses yeux. C'est crade, c'est à gerber, y a du sang partout.

Max s'en est sorti, par miracle. Sa combinaison est en lambeaux, des griffes lui ont lacéré la poitrine. Il est tellement dans les vapes qu'il sent même plus la douleur. Faut qu'il baisse les yeux pour s'apercevoir qu'il a plus sa jambe gauche. Ce foutu crocodile l'a bouffée, elle a dû retomber dans l'eau boueuse, avec les restes du cadavre géant qui part à la dérive. La chance de Max, c'est qu'une équipe de nettoyage travaillait dans le secteur. C'est rare, la nuit, mais ça arrive. Les gars ont entendu les coups de feu, ils accourent, on appelle les secours d'urgence. Sans eux, Max se serait sûrement vidé de son sang, tout seul dans le noir. Il serait mort sans que personne connaisse son histoire.

Parce qu'elle est vraie. Juré, craché ! C'est comme ça que les choses se sont passées, comme ça et pas autrement. Celui qui me l'a racontée est pas un bouffon. Vaut mieux pas mettre sa parole en doute, quand il affirme ce genre de truc.

→ 6

Un grand silence salue la fin du récit. L'auditoire reste encore sous le choc, personne n'ose parler en premier. Pourtant un doute subsiste. Vrai... ou faux ? Malgré les garanties du grand Curd, c'est un peu dur à avaler. D'un autre côté, la bouche obscure du grand collecteur tout proche n'a rien de rassurant, elle donnerait plutôt à réfléchir. Pourquoi le conteur s'est-il tourné deux fois vers elle, d'un air aussi inquiet ?

Danny a tout écouté, encore plus tendu que les autres. Une question lui brûle les lèvres, sans qu'il ose la poser. Mais il ne doit pas être le seul, car quelqu'un se décide à sa place :

– Dis donc, Curd, dans quelle ville ça s'est passé, ton affaire ? Et ici, tu crois... Je veux dire, tu crois que ça pourrait arriver aussi ?

Le chef prend le temps de rajuster sa casquette, puis se gratte le menton d'un air pensif.

– Le nom de la ville, on a dû me le dire, mais j'ai oublié. Et puis ici, chez nous, non, impossible. Enfin... Qu'est-ce que j'en sais, après tout ? J'y ai encore jamais réfléchi, mais c'est vrai qu'on a un sacré réseau d'égouts. Une bête pourrait s'y planquer à l'aise, même une très grosse. Y en a aussi qui prétendent que des gars de la cité ont commencé à acheter de drôles d'animaux, depuis quelques mois. Là, ça plante le doute. Mais si ça vous intéresse tant, pourquoi on n'irait pas vérifier tous ensemble, dans le tunnel ? Histoire de se marrer un coup... et puis de voir qui se dégonfle ! Qu'est-ce que t'en dis, toi, Danny ?

Le dernier venu de la bande sent alors tous les visages se tourner vers lui. Bonjour l'angoisse ! C'est le moment ou jamais de sortir une excuse pas trop nulle... Mais quoi ?

– Ben, j'en dis que t'as raison, bafouille-t-il. Ce serait super de venir avec vous... Parce que je suis pas un dégonflé, tu sais ! Seulement j'ai un copain qui vient d'emménager. Ce soir, j'avais promis de lui filer un coup de main. Même que je suis vachement à la bourre, il doit m'attendre depuis un moment.

Sur lui, le regard du chef se fait plus pesant, limite sévère. Mais il s'adoucit aussi vite.

– En général, j'apprécie pas beaucoup qu'un type se défile, surtout quand on vient de l'admettre chez nous. Dans notre bande, y a pas de mauviettes. Mais toi, c'est pas pareil. Il s'agit d'une affaire d'honneur, si j'ai bien compris : promesse, amitié, entraide. C'est bien, un homme doit jamais renier sa parole ! Alors vas-y, fais ce que tu as à faire. Pas de problème, on se reverra plus tard.

Danny est encore plus maladroit dans ses remerciements que dans ses précédentes excuses. Il se lève en renversant sa cannette, se prend les pieds dans une racine. Puis s'éloigne aussi vite que lui permet son amour-propre. À peine a-t-il disparu derrière le sommet du talus qu'éclate un fou rire général.

– Vous avez vu à quelle vitesse il a filé ? On aurait dit qu'il avait vraiment le croco aux fesses !

– J'y crois pas, comme il a tout gobé : l'appât, l'hameçon, la ligne... et la canne à pêche avec !

– Faut avouer qu'on a été plutôt bons, dans nos rôles. Surtout toi, Curd. À des moments, t'étais si convaincant que t'as failli me foutre la trouille pour de bon !

Seul Fred le tatoué prend la défense de celui qui est toujours son pote.

– Vous croyez pas qu'on y a quand même été un peu fort, avec lui ?

– Et puis quoi, encore ? riposte le chef à la casquette. Il en mourra pas. C'était juste une façon de lui souhaiter la bienvenue. On est tous passé par là, si vous vous souvenez. Une bonne grosse blague au départ, rien de mieux pour créer des liens. Et tant pis s'il comprend pas, il aura qu'à se chercher d'autres copains !

– Et l'expédition dans les égouts, alors ?

– Tu charries, ou quoi ? Du bidon, comme le reste. On va quand même pas aller se salir les pompes dans un coin pareil ?

Les rires reprennent, puis se calment. Une demi-heure se passe encore à finir les restes, à se balancer quelques vannes, à déconner entre copains qui n'ont pas si souvent l'occasion de s'éclater. Puis la fête touche à sa fin. La nourriture commence à manquer, les boissons aussi. Le brasero s'éteint. Deux volontaires vident les charbons encore chauds dans le petit bras d'eau venu de l'égout, ils arrosent ensuite l'ustensile pour achever de le refroidir. Car pas question de le laisser là, pour que quelqu'un le pique ! Par contre, on abandonne sur place cannettes vides et emballages de plastique, de toute manière ça ne changera pas grand-chose à l'environnement sordide.

– On se casse, annonce Fred. Tu viens ?

– Partez devant, répond Curd. J'ai pas encore envie de rentrer. Rendez-vous demain, à l'endroit habituel.

Fred a compris. Il s'éloigne dans la nuit, à la suite des autres. Resté seul, Curd pousse un long soupir. Il s'abandonne à la fraîcheur nocturne, à la clarté de la lune, aux bruits lointains qui le bercent.

Tiens, les chats ne se battent plus. Tiens, le chien a fini de hurler. Tout serait calme, sans ces drôles de sons étouffés qui montent du côté de l'énorme tuyau malodorant. Les mêmes que tout à l'heure, quand il racontait son histoire. D'accord, ça l'arrangeait bien, alors. D'accord, il en a profité pour souligner ses effets.

N'empêche qu'il les a entendus, quoi qu'on en dise. Comme maintenant. Exactement comme maintenant.

On dirait que quelque chose racle sur du métal, avec en arrière-plan une sorte de respiration rauque et profonde. D'un pas mal assuré, Curd se lève et s'approche du trou béant.

– Y a quelqu'un, là-dedans ? beugle-t-il.

Sa voix lui revient, multipliée par l'écho. Puis le silence retombe... et à nouveau le bruit ! Cette fois, c'est clair : y en a un qui a voulu rebondir sur sa blague, le prendre à son propre piège. Il se sera glissé à l'intérieur, pendant que Curd avait le dos tourné...

– C'est bon, Fred, ça va comme ça ! Marrante, ton idée. Pas mal aussi, ton imitation. Ça aurait pu marcher... mais pas avec moi. Allez, montre-toi, maintenant !

Et quelque chose se montre, en effet. Quelque chose qui devait rester tapi tout près, dans l'ombre, à guetter depuis un moment. Quelque chose de trop gros, de trop difforme pour être humain. Curd n'a pas le temps de réagir que, déjà, ça se met en mouvement dans sa direction, avec une rapidité inattendue pour une telle masse. Ça déboule maintenant en soufflant. Ça prend soudain son élan, ça se détend à la vitesse de l'éclair. Ça...

➔ 7

Le hurlement de Curd résonne à plus d'un kilomètre. Les gars de la bande, déjà à mi-chemin, s'arrêtent et se regardent. Un type qui braille parce qu'il est soûl, ils ont l'habitude. Un autre qui crie parce qu'on le tabasse, pareil. Mais ça, c'est nouveau. Quelque chose venu des tripes, qu'ils n'ont encore jamais entendu... et qu'ils auraient préféré ne jamais entendre. Faisant demi-tour comme un seul homme, ils reviennent en hâte sur leurs pas. Heurtant en chemin une silhouette imprévue, cachée dans un buisson.

– Danny ?! Mais qu'est-ce que tu fais là ?

Eh oui, Danny ne s'était pas vraiment éloigné, tout à l'heure. Juste après avoir quitté le groupe, il a perçu les échos de la rigolade. Il a compris qu'on s'était payé sa tête, qu'on l'avait pris pour un bouffon. Alors il est resté là, sans bien savoir pourquoi, partagé entre tristesse et colère.

Tant pis pour lui. On le saisit par le bras et on le ramène de force avec les autres, jusqu'au terrain vague de leur pique-nique. Sur place, le décor n'a pas changé, leurs cochonneries sont toujours là… mais plus Curd !

Seule trace de lui, une casquette bien connue abandonnée dans la boue, à l'entrée du collecteur. Et aussi un portable tout neuf, acheté la veille, qu'il ne s'était pas privé de faire admirer à la ronde.

Une douzaine de regards se porte vers l'intérieur du gros tube obscur. D'abord avec inquiétude. Puis monte un gloussement.

– Allez, on se calme ! C'est rien qu'une nouvelle embrouille de Curd. Il veut encore nous faire marcher, après son canular sur les crocos. Moi je vous dis que demain, il sera au rendez-vous et qu'il se foutra bien de nous !

C'est le moment que choisit Danny, jusque-là passif, pour se révolter :

– Se foutre de vous, c'est clair… pour ça il est fort. Bien fait ! Vous vous êtes pas privé avec moi, ce soir. Vous m'avez traité comme le dernier des nazes. À commencer par toi, Fred, qui te prétends mon ami !

– Mais JE SUIS ton ami ! se défend l'agressé. Faut pas prendre ça au tragique, c'était juste une blague sans méchanceté. D'abord, c'est Curd qu'en a eu l'idée !

– Curd, Curd... toujours Curd ! Il a beau être le chef, je serai aussi au rendez-vous, demain, et je lui dirai ma façon de penser. Il va m'entendre, vous pouvez me croire !

Vantardise de sa part ? Aurait-il vraiment eu le courage de passer aux actes ? La question restera toujours sans réponse.

Parce que Danny n'a pas revu Curd, ni le lendemain ni les jours suivants.

En fait... PERSONNE ne l'a jamais revu !

13 LÉGENDES URBAINES

Nicolas Jaillet

LA PRINCESSE DU QUEENS

Ayant fait le plein d'essence,
une jeune femme a été poursuivie
par l'employé de la station-service,
un homme inquiétant.
Quelques minutes plus tard,
elle aurait été agressée. Par le pompiste ?
Les méchants ne sont pas toujours
ceux que l'on croit...

LA PRINCESSE DU QUEENS

➔ Laure

Laure était avocate. Elle avait tous les atouts en main pour faire une brillante carrière. Elle pratiquait le squash et la natation pour entretenir un corps athlétique. En nocturne, évidemment, car elle ne quittait jamais le bureau avant 21 heures. Mieux notée, plus efficace que ses collègues masculins, elle était également moins bien payée qu'eux, et ne s'en plaignait jamais. Comme tous les avocats, elle travaillait au sud de Manhattan, et lorsqu'elle annonça, devant un groupe de collaborateurs massés autour de la photocopieuse, qu'elle avait trouvé un appartement dans le Queens, un silence de mort se fit autour d'elle.

La photocopieuse cracha sa dernière copie et s'arrêta, le capot béant, comme stupéfaite.

Ariel Tordjman prit la parole le premier :

– Tu tu tu... Tu, tu plaisantes ?

– Absolument pas. J'adore le Queens. J'ai un excellent magasin de falafels en bas de chez moi, une épicerie ouverte toute la nuit, et surtout, le mètre carré est dix fois moins cher qu'ailleurs, ce qui me permet d'emménager dans un loft de cent trente mètres carrés, avec un dressing olympique, sans m'endetter jusqu'à la fin de mes jours.

– Mais, demanda Amanda De Voigt, tu n'as pas... peur ?

Le mot était lâché. Un mot que tout le monde avait en tête, mais tout le monde était ravi qu'Amanda l'ait prononcé la première. Personne ne voulait passer pour un trouillard, mais le Queens, tout de même...

Laure arrondit les lèvres et haussa les sourcils :
– Peur de quoi ?
Et elle tourna les talons. Décidément, la queue à la photocopieuse n'avançait pas.

Non, Laure n'avait pas peur de rentrer chez elle le soir. Ses collègues retardaient à propos du Queens, comme ils retardaient sur le feng shui, le hip-hop et le costume trois pièces. Certes, à la fin des années 80, le Queens était en ruine. Le taux de criminalité était très fort, aucun réverbère ne fonctionnait, et les bagarres de rues étaient un sport local très prisé.

Mais, en vingt-cinq ans, les choses avaient eu le temps de changer. Les loyers faibles avaient attiré des étudiants, des artistes, qui s'étaient enrichis en même temps qu'ils donnaient au quartier une image beaucoup plus convenable.

Laure n'avait pas peur de rentrer dans le Queens. Si un endroit lui faisait froid dans le dos, c'était le parking du cabinet Parker & Partners. Depuis peu, Laure profitait d'une place pour se garer, au sous-sol. C'était un privilège ; l'ascenseur se vidait au rez-de-chaussée. Laure observait les chiffres des étages décroître en priant pour qu'ils continuent normalement leur course jusqu'au troisième sous-sol. À l'idée d'attendre les réparateurs, toute seule dans sa boîte en aluminium, au pied d'un immeuble presque désert, elle sentait son estomac gargouiller.

→ Sonny

C'était vendredi soir. Sonny était sur son trente et un. Il avait trempé les doigts dans un bol de graisse et s'en était plaqué sur les cheveux, façon John Travolta. Il s'était donné plusieurs coups de peigne – au moins trois. Pour finir, il avait brossé sa combinaison jaune ornée de l'insigne Shell. Il était à son poste, droit comme un i à côté de sa pompe, sourire aux lèvres.

Sonny ne comptait pas sortir ce soir-là. Il ne sortait jamais. Il n'achetait pas de vêtements, se nourrissait de toasts à la margarine et de lait entier. Il donnait toute sa paye à sa mère.

Même s'il avait eu de l'argent à gaspiller, Sonny ne serait pas sorti en boîte. Ce n'était pas son genre ; le monde lui faisait peur, et de toute façon, Sonny travaillait le week-end. Toute la journée et une partie de la nuit. À la station, c'était tranquille. L'oncle Joe habitait en face. Il passait régulièrement pour relever les compteurs, du coup la caisse était toujours vide, ou quasiment. C'était une habitude qu'il avait prise à l'époque où le quartier était plus chaud. Des gamins venaient parfois le menacer d'une arme, mais c'était de plus en plus rare, et dans ces cas-là, Sonny avait une consigne : « Tu donnes ce qu'il y a, tu laisses les gars partir, et tu me préviens ».

Le plus gros vol qui ait jamais eu lieu à la station de l'oncle Joe s'élevait à vingt-deux dollars et cinquante-six cents. Le prix d'un pneu rechapé, en soldes.

Oncle Joe était un bon patron. Pas méchant. Tout ce qu'il demandait, c'était d'en faire le moins possible, à part passer deux fois par jour vider la caisse. Sonny, ça ne le dérangeait pas de ne pas avoir un patron toute la journée sur le dos. Au contraire. La station de son oncle Joe était sans doute la plus miteuse du Queens, mais c'était lui le seul maître à bord. Lui, Sonny, quinze ans, un mètre quarante-sept, champion international d'acné juvénile.

Il regarda sa montre.

Six minutes.

Et puis, il y avait Pétroleuse.

Pétroleuse était une Mobylette de 1964 que Sonny avait démontée, décrassée, et remontée entièrement. Elle démarrait au quart de tour. Mais l'oncle Joe avait interdit à Sonny de s'en servir tant qu'il n'aurait pas l'âge légal. Depuis, Sonny comptait les jours.

Pas seulement les jours.

Il aurait seize ans dans exactement trois jours, deux heures, vingt minutes et... quelques secondes.

Et puis, il y avait la princesse du Queens. La dame à l'Horloge.

Elle s'était arrêtée à la pompe, pour la première fois, le vendredi 19 septembre 2003 à 21 h 37.

Sonny regarda sa montre. Ça faisait exactement cinquante-cinq jours, vingt-trois heures et cinquante-cinq minutes. Sept semaines, six jours, vingt-trois heures et cinquante-cinq minutes. Depuis, elle passait à la pompe chaque vendredi à la même heure. La septième semaine allait s'achever dans moins de cinq minutes, maintenant.

La princesse avait besoin d'un plein de sans-plomb. Sonny lui faisait le pare-brise, elle lui laissait un bon pourboire. Ils ne se parlaient pas. Ils échangeaient des regards. Sonny avait des frissons de joie, et une boule dans la gorge.

Il aimait bien cette femme. Il la trouvait belle, bien habillée, et surtout, elle arrivait toujours à la même heure, tous les vendredis.

Sonny aimait bien ça. Il aimait bien les montres, les chiffres, les choses régulières.

Il regarda sa montre.

Quatre minutes.

➜ Laure

Laure n'était pas particulièrement précise, ni ordonnée, ni ponctuelle. Quelqu'un de ponctuel, c'était Ariel Tordjman. Comme Laure, Ariel quittait le bureau parmi les derniers. Comme elle, il avait une place au parking. Un soir, ils étaient descendus ensemble.

Laure atteignit le troisième sous-sol. Les portes s'ouvrirent. Elle s'engagea dans la pénombre. Ses talons sonnaient sur l'asphalte, dans la caverne déserte peuplée d'animaux métalliques qui semblaient sommeiller.

Oui, une fois, elle s'était retrouvée seule dans l'ascenseur, en compagnie d'Ariel. Il lui avait fait une déclaration :

– Laure, je serai votre chevalier servant.

Elle avait ri. Pas lui. Il avait saisi son poignet, en la serrant beaucoup trop fort.

Depuis ce jour-là, Laure attendait le départ d'Ariel pour quitter le bureau. C'est ainsi qu'elle s'était rendu compte à quel point Ariel était précis, ordonné et ponctuel. On aurait pu graver dans la pierre le programme de sa fin de journée.

20 h 57 : Ariel Tordjman fait claquer solennellement la couverture de son dossier, de façon à ce que tous les avocats encore au travail dans le couloir – à savoir : Laure, essentiellement – sachent qu'il a terminé sa journée.

20 h 59 : Ariel a rangé son bureau. Il referme son attaché-case, prend son manteau, et verrouille sa porte.

21 h 00 : Ariel fait une pause devant le bureau de Laure. Il toussote, attend qu'elle ait levé la tête, lui adresse un salut, accompagné d'un : « Eh bien ! Je m'en vais... » Elle répond en marmonnant, un sourire gêné sur les lèvres.

21 h 00 et 57 s : Ariel se replie vers l'ascenseur et disparaît.

21 h 05 : Laure part du principe que son collègue a eu le temps de sortir du parking, elle quitte son bureau à son tour.

Depuis ce soir-là, Laure n'avait jamais eu à se plaindre du comportement d'Ariel. Peut-être parce qu'elle avait fait ce qu'il fallait pour ne plus se trouver seule en sa présence dans un endroit obscur. En attendant, grâce à lui, Laure était devenue une femme ponctuelle, en fin de journée du moins.

Laure continuait d'avancer dans la pénombre du parking. Soudain, elle se figea. À la place B4, une Alfa Romeo rouge était garée. La voiture d'Ariel.

Laure reprit sa marche, tant bien que mal, et se crispa pour garder la tête bien droite, résistant à l'envie de regarder à l'intérieur de l'Alfa, en arrivant à sa hauteur.

La jeune femme poursuivit sa route. Elle avait dépassé la voiture d'Ariel sans lui accorder le moindre regard. Mais maintenant ? Laure s'attendait à entendre l'Alfa démarrer. Ariel était peut-être furieux qu'elle ait repoussé ses avances. Il avait peut-être l'intention de l'écraser. Tout en marchant, Laure tendait l'oreille. Rien, pas un son, à part ses propres pas dont l'écho résonnait d'un mur à l'autre du parking.

Sa voiture à elle était garée tout près de la sortie. Elle s'y engouffra sans ressentir de soulagement. Ariel n'avait pas démarré. Il avait un autre plan. Il voulait peut-être attendre qu'elle ait quitté sa place pour lui foncer dessus ? Ou bien la suivre, lentement mais sûrement, jusqu'à son appartement...

Laure se frotta vigoureusement les joues. Et prononça tout haut, pour elle-même :

– Arrête. Arrête...

Un rire nerveux lui échappa. Pauvre Ariel ! Qu'avait-il fait pour mériter une telle méfiance ? Il lui avait fait des avances anachroniques, mais au fond, plutôt sympathiques (« Je serai votre chevalier... »), et il lui avait serré le poignet un peu trop fort... Ce travail était stressant pour tout le monde. En fin de journée, le vendredi, n'importe qui pouvait avoir des gestes un peu trop brusques. Elle délirait. Il fallait qu'elle se calme.

Elle posa son sac à main sur le fauteuil passager, et chercha la clé de contact. Il fallait qu'elle se calme. Ariel était un collaborateur. D'accord, il habitait chez sa mère, il était fan de Mike and the Mechanics, le groupe de pop le plus ringard des années 90, mais ça ne faisait pas de lui un tueur en puissance.

Laure laissa échapper un petit rire sec et nerveux. Il fallait qu'elle se calme. Elle avait trouvé ses clés, elle tentait maintenant de mettre le contact. Elle n'y arrivait pas. Il fallait qu'elle se calme, mais elle n'y arrivait pas. Il y avait quelque chose, dans l'atmosphère de cette voiture – sa voiture –, quelque chose... de trop. Laure scruta le rétroviseur. Rien. Elle démarra, et lança le moteur. Un peu trop fort. Du calme. Elle engagea la marche arrière, cala, relança le moteur. Elle réussit à sortir de sa place de parking. Si elle continuait comme ça, elle allait sortir sans heurter les murs. Bravo...

Où donc Ariel était-il passé ? Laure haussa les épaules. Il avait oublié quelque chose, il était remonté au bureau le chercher, pendant qu'elle, elle descendait.

Laure se détendait un peu, la conduite lui occupait l'esprit. Elle était dans la rue, maintenant. Elle ouvrit la vitre en grand. L'air frais du soir soulevait ses cheveux, elle se sentait un peu star. Elle aurait eu envie de rire, s'il n'y avait pas eu cette voix qui continuait de parler en elle.

Si Ariel était remonté, elle l'aurait forcément croisé à la sortie de l'ascenseur. Il aurait donc pris les escaliers. Pourquoi ? Et puis, Ariel Tordjman n'oubliait jamais rien.

Laure se mordit la lèvre.

Et s'il lui était arrivé quelque chose ? S'il avait eu un malaise, à l'intérieur de la voiture ? Laure se demandait si elle n'allait pas faire demi-tour quand la station Shell apparut. Le petit pompiste était là. Fidèle au poste.

→ Laure et Sonny

Sonny regarda sa montre. 21 h 37. Pile à l'heure. Il l'avait vue venir de loin.

Elle coupa le contact, baissa la vitre, pendant qu'il contournait la voiture par l'avant. Elle lui tendit les clés. Il aimait ça, aussi. Le fait qu'ils ne se soient jamais parlé.

Ils échangeaient plus que des mots. Un petit moment de grâce, tous les vendredis soirs, pour finir la semaine en beauté.

Laure posa la tête sur le montant de la portière. Le soleil se couchait derrière Blissville, quelques rayons dorés se faufilaient dans l'axe de la 54e avenue. Elle se sentait soudain paisible. Le petit rituel de 21 h 37 lui faisait toujours cet effet.

Sonny avait mis la pompe en route, il savait qu'elle allait verser entre vingt-cinq et trente litres. Un demi-plein, sa consommation hebdomadaire. Apparemment, la princesse du Queens n'utilisait sa voiture que pour aller et venir de Manhattan.

Pendant que le réservoir se remplissait, Sonny la dévorait des yeux.

Elle le savait. Elle sentait son regard sur elle, mais elle n'éprouvait pas la gêne habituelle, mêlée de flatterie, quand un homme vous regarde avec des intentions bien précises. Le jeune pompiste n'était pas encore un homme, et il ne la regardait pas exactement comme une femme. Plutôt comme une déesse. Ce genre d'occasion ne se rencontre pas à chaque coin de rue, et Laure se laissait adorer. Il y a des loisirs plus pénibles.

La pompe émit un cliquetis. À contrecœur, Sonny s'arracha à la contemplation de sa princesse. Le meilleur moment de la semaine venait de se terminer. En refermant le bouchon du réservoir, il sentit son regard attiré vers l'arrière de la voiture. Il se figea.

Laure pivota. D'habitude, lorsque la pompe s'arrêtait, le garçon s'attaquait au pare-brise. Au lieu de cela, il restait les bras ballants, les yeux dans le vide. Elle eut envie de l'appeler, mais elle ne voulait pas rompre la loi du silence. Elle aussi aimait ce jeu fragile qui s'était instauré entre eux ; elle savait que le premier mot qu'ils échangeraient (s'ils le faisaient un jour) allait tonner comme la foudre, et briser leur secret de cristal. Elle appuya brièvement sur l'avertisseur :

– Pop !

Sonny tressaillit. Il se tourna vers la pompe, tenta de rebrancher le robinet, mais ses mains tremblaient. Il dut s'y reprendre à deux fois. Il courut vers la jeune femme, tenant du bout des doigts le trousseau de clés. Il fallait qu'il lui parle. Oh, mon Dieu ! Il fallait qu'il lui parle ! Il se présenta devant elle, elle saisit ses clés machinalement, tandis qu'il ouvrait la bouche, la refermait, sans parvenir à produire d'autres sons que des miaulements plaintifs.

– Quoi ? Qu'est-ce qui se passe ?

Voilà. Le charme était rompu. La question n'avait pas apaisé le garçon, bien au contraire. Il s'agitait de plus en plus, montrant l'arrière de l'auto, implorant la jeune femme en silence.

– Il y a... Il faut... C'est...

Laure eut envie d'éclater de rire. Lui non plus n'avait pas beaucoup d'imagination. Décidément, ils avaient raison de ne pas se parler.

Le pompiste cessa de s'agiter, son visage devint tout blanc. Laure crut qu'elle l'avait vexé. Il se précipita vers la portière et tenta de l'ouvrir. Par erreur, il enclencha le verrou. Il saisit la jeune femme par le bras. Ses doigts s'enfonçaient dans sa chair. Elle se dégagea vivement, mit le contact et démarra.

Il recula, terrassé. Il ne s'était jamais senti à ce point le contraire d'un héros. Elle ne sut jamais par quel miracle elle avait si soudainement retrouvé assez de calme pour démarrer sa voiture.

Les pneus crissèrent, elle dérapa légèrement en s'engageant dans la rue, un camion déboîta pour l'éviter, mais elle trouva le moyen de se rétablir.

Sonny aurait bien voulu savoir voler, comme Superman, ou juste courir très vite, aussi vite qu'une voiture de tourisme pilotée par une princesse aux abois. Il regarda sa montre. Elle ne reviendrait pas avant six jours, vingt-trois heures, cinquante-quatre minutes. Si elle revenait un jour.

Une autre idée lui vint, par automatisme : il aurait seize ans dans trois jours, deux heures, cinq minutes et quelques secondes.

Il était immobile, debout, à côté de sa pompe. Un nouveau client venait de s'arrêter. Sonny le savait, la voiture était quelque part, au bord de son champ de vision. Mais il n'avait pas encore tourné les yeux dans sa direction. Pour l'instant, il regardait Princesse. Elle venait de s'engager sur un rond-point, au bout de l'avenue.

Le client donna un coup de Klaxon. Sonny répondit par un geste mou de la main. Princesse avait fait le tour complet du rond-point ; elle en commençait un deuxième. Sa trajectoire tanguait dangereusement.

Le client se mit à brailler. Sonny ne lui accorda pas même un signe, cette fois. Il disparut dans le hangar, et fit démarrer Pétroleuse.

Laure était partie sans payer. Elle avait failli rentrer dans un camion. Ses jambes tremblaient. À chaque instant, elle avait l'impression que ses pieds allaient glisser sur les pédales. Elle avait réagi comme une hystérique. Pourquoi ? Parce qu'un pompiste adolescent avait tenté de lui saisir le bras. Elle jeta un œil dans le rétroviseur central, et serra les dents. Il y avait quelqu'un derrière elle. Là, juste là, à portée de main. Ariel.

– Laure, il faut que je vous parle.

Ariel était resté caché dans sa voiture durant tout le trajet. Il était là quand elle y était entrée. Laure eut envie de hurler. Ariel tendit la main vers le pare-brise :

– Attention !

On arrivait sur le rond-point. Une camionnette rouge passa devant leurs yeux. Laure hurla, parfaitement consciente que ça ne servait à rien. Heureusement, elle pressa la pédale de frein en même temps. Puis elle s'engagea sur le rond-point. Elle ne pouvait plus faire autrement, de toute façon.

– Ariel, expliquez-moi ce que vous faites !

– C'est simple...

– Non ! Je ne veux pas vous entendre ! Vous allez descendre. Vous allez descendre immédiatement !

Laure savait bien qu'elle était en train de craquer. Sa voix était plus aiguë que d'habitude. Elle avait effectué un tour complet du rond-point. Elle attaquait le second.

– Très bien, dit l'homme à l'arrière de l'auto. J'avais prévu ce genre de réaction. Je tiens à ce que vous sachiez que je répugne à la violence, mais puisque vous m'y forcez...

Laure n'en croyait pas ses yeux. Elle avait un mal fou à rester concentrée sur sa conduite. Elle entama un troisième tour de rond-point. Ariel avait un couteau. Il le tenait du bout des doigts, et maintenant, il s'appliquait à en déplier la lame. De toute évidence, Ariel Tordjman n'avait jamais manipulé un couteau rétractable de sa vie. Et ça ne le rendait pas moins inquiétant.

Laure détacha son regard du rétroviseur. Elle prit la première sortie. Ils avaient quitté ce rond-point, c'était au moins ça de fait. Elle cherchait quelque chose à dire, quelque chose de calme. Elle n'aimait pas la voix qu'elle avait eue jusqu'alors. C'était une voix de débutante, la voix d'une jeune avocate qui plaide pour la première fois de sa vie.

Elle avait le sentiment d'avoir retrouvé à peu près son sang-froid, elle se sentait prête à parler de nouveau, quand la lame du couteau se posa sur son cou. Ariel effleura des lèvres le cartilage de son oreille et murmura :

– On va chez vous.

– D'accord.

Ce n'était plus la voix d'une débutante, mais celle d'une petite fille perdue au fond d'un parc, terrorisée parce que la nuit est en train de tomber sur elle, et qu'elle ne retrouvera jamais sa vieille poupée en chiffon.

Laure sentait la lame sur son cou. Une lame acérée. Elle ne put s'empêcher de penser à Ariel, au fond de sa cuisine, en train d'aiguiser ce couteau en ruminant son projet. Elle frissonna.

Ils étaient arrivés en bas de chez elle. Ils entraient dans le parking. Seigneur, encore un parking... Ils arrivèrent devant la place qu'elle occupait d'habitude.

– Garez-vous là, fit Ariel.

Laure avait envie de pleurer. Il connaissait sa place de parking habituelle. Il l'avait épiée, il savait tout d'elle. Elle tira le frein à main, et coupa le contact.

– Descendez.

Elle obéit. Elle se faufila entre les voitures, et marcha lentement jusqu'au milieu de l'allée. Il était sorti, lui aussi, et restait à distance, la lame le long du corps.

Laure savait qu'il était inutile de fuir. D'abord, elle portait des Laura Wurtz à quatre cents dollars, avec des talons de dix centimètres, et puis, fuir, d'accord, mais où ? Pour quoi faire ? Elle regarda autour d'elle. Près de la porte, il y avait une dizaine de poubelles cylindriques en alu. Elle pouvait prendre un couvercle et s'en servir pour assommer Ariel. À cette idée, elle se mordit la lèvre. Il ne fallait pas rire. Surtout pas. Elle croisa le regard de l'homme, ce regard bleu métallique, chargé de haine. L'envie de rire s'envola en fumée.

Le parking était désert. Quelque part, dans un autre monde, loin, très loin, on entendait un moteur tourner. On aurait dit une tondeuse à gazon chargée d'acétylène.

Pour monter chez elle, ils devaient passer près des poubelles. Elle ferait semblant de se tordre la cheville, elle tomberait sur le côté, saisirait un couvercle et, en se relevant, elle frapperait Ariel de toutes ses forces. Oui, c'était ça qu'il fallait faire. Elle allait faire ça. Non. Non, elle n'aurait jamais la force. Si. Non... Oh, mon Dieu.

– Ariel...

Elle l'implorait, maintenant.

– Ariel, je suis désolée.

Des larmes coulaient sur ses joues. Elle ne se sentait pas triste, pourtant, juste au bout du rouleau. Les larmes coulaient et lui faisaient du bien. C'était une pluie, une belle douce tiède pluie d'été.

L'homme continuait de l'observer, visiblement satisfait. C'était de ça qu'il avait envie. Qu'elle s'excuse, qu'elle le supplie. C'était ça qu'il fallait faire. Il fallait le contenter, l'endormir. Au loin, dans l'autre monde, la tondeuse à gazon continuait de gémir.

– Ariel... Vous êtes mon chevalier. Ne me faites pas de mal...

Le bruit de tondeuse augmenta brutalement lorsque Pétroleuse fit son apparition à l'entrée du parking. L'homme tressaillit et se mit en garde. Tout se passa très vite. La Mobylette avait pris de l'élan dans la pente, et le jeune pompiste fonçait sur l'avocat en hurlant, penché sur le réservoir. Il le heurta de front, et l'emporta dans sa course. Quelques mètres avant le mur, la Mobylette glissa sur le flanc. Ariel avait saisi le garçon par les cheveux, mais ça ne suffit pas à prévenir sa chute. À l'issue d'un court vol plané en forme de cloche, il atterrit dans les poubelles et lâcha prise.

Les cylindres vides s'envolèrent, le bruit amplifié par les murs de béton résonna longtemps, puis il y eut un moment de silence. Sonny était debout. La jeune femme courait vers lui en hurlant :

– Ça va ?

Mais Sonny n'arrivait pas à lui répondre. Oui, il allait bien. Il s'était égratigné la cuisse, sa combinaison était déchirée, il y avait du sang, mais il ne sentait rien. Il regardait en face de lui, l'homme étendu dans les poubelles, dont les yeux papillonnaient. Il reprenait ses esprits. Il était sonné.

Un instant, leurs regards se croisèrent, avec le genre de gêne qu'on éprouve avec un étranger dans un ascenseur. Puis l'homme se massa le corps machinalement, et il arriva ce que Sonny redoutait depuis quelques secondes : ses doigts tombèrent sur la lame du couteau plantée au milieu de sa cuisse. Ariel baissa les yeux vers sa blessure, et hurla.

13 LÉGENDES URBAINES
Olivier Lhote
666

La pyramide du Louvre aurait été construite
avec 666 plaques de verre,
sur une demande de François Mitterrand,
alors président de la République.
666... c'est le chiffre du diable !

666

→ 1

– Vous n'avez qu'à compter !

Mon père avait mis fin à notre polémique par cette phrase. Avec les copains, on s'était installé dans le séjour en rentrant du collège. Mon paternel y lisait le journal. On s'était affalé dans le canapé et les fauteuils, un jus à la main, quelques chips et des convictions plein la tête. On prolongeait le débat lancé sur le chemin du retour et dans le bus.

Khoune et moi, on pensait que la pyramide du Louvre contenait 666 plaques de verre. Le chiffre du diable ! Bilal et Lambert nous prenaient pour des fous. Les arguments de chacun n'étaient pas très rationnels et en vérité, on s'affrontait plus à coup de moqueries et de railleries débiles. Excédé par nos joutes stériles, mon vieux a replié son journal en soufflant comme un taureau par les naseaux. Puis il s'est redressé sur sa chaise pour nous interrompre :

– Vous n'avez qu'à compter ! Au lieu de perdre votre temps à vous lancer des idioties, organisez une après-midi intelligente. Partez avec du papier, des crayons, des calculatrices et comptabilisez les plaques de verre !

– Bien joué, m'sieur Fairmont. C'est une superidée que vous avez là, a lancé Bilal. Comme ça, on va leur montrer aux deux autres qu'ils se trompent.

– Tu riras moins quand tu arriveras à 666 sur ta calculette et qu'elle commencera à fumer bizarrement et à te brûler les doigts, a rétorqué Khoune.

– Ouais c'est ça, s'est marré Lambert, et puis une croix inversée va apparaître sur mon front et ensuite je vais vomir sur la tête d'un curé et...

– Bon, alors maintenant qu'on est d'accord sur votre projet, a craqué mon père, vous montez dans la chambre de Gus et vous me laissez lire mon journal. O.K., les garçons ?

– Allez, lève-toi, ont ri les potes, on va dans ta piaule.

Et on a quitté le salon, sans oublier les chips, sous le regard soulagé autant qu'amusé de mon père. Il secouait la tête de droite et de gauche, ce qu'on pouvait traduire par : « Et dire que moi aussi, j'ai été comme ça... »

Depuis que mes parents ont divorcé, il n'est plus le même. Je le trouve plus détendu, plus cool avec moi. Je passe huit jours chez ma mère et huit jours chez lui. Sur sa semaine de garde, mes copains adorent s'incruster. Ils savent qu'ils peuvent plaisanter avec lui. Il est devenu vraiment sympa. Je suis certain qu'il aimerait bien venir avec nous au Louvre. Je vais peut-être lui proposer de nous accompagner.

Dans ma chambre, tout le monde s'est jeté sur mon lit et j'ai hurlé un grand coup pour qu'on enlève les chaussures de ma couette. Ensuite, on a réfléchi au meilleur créneau pour notre mission. Il fallait oublier le week-end, trop de monde. La semaine, il y avait le collège. Il nous restait le mercredi. Mais selon Bilal, c'était le jour des visites scolaires.

– Pourquoi on compterait pas de nuit ? a proposé Lambert.

On s'est tous regardé et l'idée s'est imposée d'elle-même. Étudier la construction du diable, dans les ténèbres, devenait une évidence.

– Ça roule ! ai-je crié en tendant une main ouverte pour que les copains frappent dedans.

Ce qu'ils ont fait sans hésiter. Le pacte était scellé. On a fixé l'escapade au vendredi suivant, puisqu'on n'avait pas cours le samedi matin. Khoune a sorti son agenda et il nous l'a tendu. Quelques gouttes de sueur perlaient sous sa frange.

– Hey ! a-t-il chuchoté, vendredi prochain, on est le 13.

– Tant mieux. C'est plus dramatique comme date. Et si les esprits sont présents, ils nous aideront à compter.

– À ta place, Lambert, a prévenu Khoune, je ne plaisanterais pas trop sur le sujet.

Je pensais un peu comme lui mais je n'ai rien dit. Un silence un peu lourd a plombé la pièce pendant trente secondes. Bilal a essayé de détendre l'atmosphère en mettant un CD et puis on a parlé d'autre chose. Au bout d'une heure, Bilal et Lambert sont partis. Khoune est resté un peu. On a reparlé du projet, de sorcellerie et de... sa grand-mère. Rien à voir, vous allez me dire. Eh bien si, justement. Quand elle vivait au Laos, elle fabriquait des potions et jetait des sorts à ceux qui lui faisaient du mal. Khoune l'a souvent entendue parler des démons. Je crois que notre excursion l'effrayait.

– Si tu veux pas venir, t'es pas obligé, ai-je dit à Khoune.

– Mais si, c'est juste que je suis mal à l'aise quand on plaisante trop sur ce sujet. Jouer avec le diable, c'est vraiment dangereux. Tu te rends pas compte.

– T'as sûrement raison. On va faire attention.

– Bon, j'y vais. Ma mère va m'attendre.

– Ouais. À demain.

Je suis resté seul. Je me suis allongé. Il y avait des miettes de chips partout. Merci les potes !

➔ 2

La semaine a passé vite, très vite. On était superexcité à l'idée de se rendre dans la cour du Louvre. Une lune bien ronde de loup-garou serait peut-être au rendez-vous. Ou alors un croissant tout maigre dans une obscurité profonde. Dans tous les cas, on comptait s'amuser, et surtout montrer à l'équipe adverse qui détenait le savoir. Le vendredi soir est arrivé. Après les cours, chacun est rentré chez lui prendre son sac d'excursion. Le rendez-vous était fixé à 22 heures sur le quai de la station de métro Nation.

– Ligne 1, les gars, ai-je précisé. Direction La Défense.

Cette semaine-là, je dormais chez ma mère. Impossible de lui expliquer le projet. Elle aurait été morte de peur. Je lui ai dit que j'allais peaufiner un exposé chez Khoune et que je comptais dormir chez lui. J'ai préparé mon sac, sans oublier ma calculatrice et de quoi écrire. Je n'allais quand même pas additionner de tête. J'ai grignoté avec ma mère, un truc vite fait. J'avais l'estomac un peu noué.

À 22 heures pétantes, on était tous les quatre sur le quai. Il n'y avait pas un monde fou. Une femme énorme qui trimballait un cabas aussi rond qu'elle et un clochard qui nous lançait des œillades pas trop aimables. Quand la rame est arrivée, il a bougé dans notre direction.

– Hey, il est bizarre, ce type, a chuchoté Khoune.

– T'occupe. On est quatre quand même. S'il nous cherche, il va vite nous trouver.

Lambert était sûr de lui. C'est vrai qu'il était grand pour ses quatorze ans.

On a sauté dans le wagon et le clochard s'est installé dans le même, toujours en nous tuant du regard. Et le métro a roulé. La grosse bonne femme avait préféré une autre rame. Peut-être parce que le type schlinguait vraiment.

– Ça sent mauvais dans ce train, a balancé Bilal. Je suis sûr qu'il y a un chat crevé sous un siège.

Du coup, on s'est déplacé. Comme tous les wagons communiquent sur cette ligne, on s'est dirigé vers l'arrière pendant que le train roulait. Le clodo a suivi ! Il commençait à vraiment nous inquiéter. On a décidé de l'ignorer. Lambert a sorti sa calculatrice, juste pour pianoter, pour s'occuper l'esprit. Peut-être aussi pour ne pas avoir trop la frousse. On a fait pareil et on a comparé les modèles. Et puis, d'un coup, la rame a pilé entre deux stations. Le machiniste nous a plongés dans le noir.

– Mesdames, messieurs, par suite d'une erreur de signalisation sur la ligne, le trafic est suspendu quelques minutes. Merci de ne pas tenter d'ouvrir les portes.

Il s'est mis à geler dans la rame. Un froid sec qui vous décroche les oreilles sans prévenir. Je me suis mis à grelotter. Je surveillais le clochard du coin de l'œil. J'étais persuadé qu'il allait nous sauter dessus. Mais je ne voyais rien. J'ai écouté dans sa direction.

– Fermez-la, les gars, ai-je chuchoté. Je veux savoir si le type se rapproche.

On n'entendait rien, on ne voyait rien non plus. En revanche, on a tous senti un vent frais nous balayer le visage et le corps. Khoune a poussé un cri et la lumière est revenue. Le train s'est remis en route.

– Ça va Khoune ? ai-je demandé.

– Oui, j'ai juste eu peur, j'ai senti un truc passer.

– Hey regardez ! a hurlé Bilal. On est seul ! Le bonhomme n'est plus là.

C'était vrai. Le clochard avait disparu. On s'est tous regardé en silence. Plus un mot ne sortait de nos bouches. Et Lambert a desserré ses lèvres :

– Regardez ma calculette !

– Fais voir, ai-je dit.

Bon sang, une touche avait disparu. La touche 6 ! Ça nous a glacés. Et puis, Bilal s'est mis à chuchoter :

– J'ai plus de 6, moi non plus.

J'ai jeté un œil à ma machine. Il n'y manquait aucune touche. En revanche, celle de Khoune avait perdu son sixième numéro.

– Le chiffre du diable ! a frissonné Khoune. L'odeur de Belzébuth ! Ça pue, quand le démon est dans les parages. Ma grand-mère me l'a appris. Ce clochard, c'est le Malin.

– Arrête Khoune, tu vas nous filer les jetons. En plus, on est arrivé. Allez on descend.

Et on a sauté sur le quai. Khoune semblait ailleurs. Il marmonnait des trucs sur sa grand-mère. On l'a traîné jusqu'à l'Escalator. Lambert ne voulait pas entendre parler du Malin.

– Vous délirez les mecs. Le clochard a dû continuer vers l'autre bout de la rame quand on était dans le noir. Quant à l'odeur, je suppose que c'est une merde de chien qui moisit dans un coin.

– Bien sûr, ai-je dit, les clebs prennent tous les jours le métro. Et ton 6 disparu ?

– Il suffit d'un chien d'aveugle. Et ma touche, je l'ai perdue en jouant avec ma calculette. Vous êtes trop idiots, avec vos histoires de Satan.

Ce n'était pas la première fois qu'on se promenait la nuit dans Paris, tous ensemble. Mais ce soir, tout était différent. Les lumières brillaient moins que d'habitude, les voitures avaient déserté la rue de

Rivoli. Paris ville morte, je vous jure. Ça paraît incroyable, mais la capitale ressemblait plus à un décor de cinéma entre deux tournages qu'à une métropole. Pas un figurant, pas un acteur, aucun metteur en scène. Nous. Seulement nous, silencieux, marchant sur un pavé luisant en direction du Louvre et entourés d'immeubles sans vie.

→ 3

Quand on est entré dans la cour, la pyramide n'était éclairée que par la lune.

– C'est comme ça, d'habitude ? ai-je questionné.

– Quoi, comme ça ? ont répondu les potes.

– Ben la lumière. Il n'y a pas des projecteurs, normalement ? Les bâtiments et la pyramide sont dans le noir en temps normal ?

Bilal a réagi :

– T'as peut-être raison. C'est bizarre.

– Vous n'allez pas recommencer, s'est énervé Lambert. Vous allez encore voir du surnaturel partout ? On est quatre et la pyramide présente quatre côtés. Je ne vous fais pas un dessin...

– On peut aussi ne compter qu'une face et multiplier par quatre, a proposé Khoune.

– Oui mais vaut mieux que chacun développe son propre calcul. Comme ça, on sera d'accord et personne ne pourra tricher.

– Excusez-moi, ai-je interrompu, mais 666 divisé par quatre côtés, ça ne tombe pas juste.

– Et alors ? Il y a peut-être une ou deux plaques en plus quelque part, a répondu Bilal.

Puis il a tapé sur sa calculette avant de rajouter :

– Cent soixante-six panneaux par côté, ça fait six cent soixante-quatre. T'en remets deux au sommet et le tour est joué.

– Tu as peut-être raison, ai-je conclu. Allez, on s'y met. Je prends la face droite.

– Moi, celle près de la statue du cavalier, a dit Khoune.

– C'est Louis XIV, ai-je corrigé.

– Je compte ici quand même.

Les deux autres ont pris ce qui restait. Dénombrer dans la pénombre n'était vraiment pas évident. Je voyais mieux les plaques en m'approchant, mais pour comptabiliser celles du haut, je me cassais le cou. J'ai pris du recul. Je suis parti à l'autre bout de la cour, près d'un bâtiment du Louvre lui-même. Là, j'ai sorti mon carnet et dessiné un tableau : première rangée, tant de losanges, deuxième rangée, troisième, etc. Je pensais remplir les cases et additionner le tout à la fin. C'était parti... Un, deux, trois... Dix, onze, douze...

→ 4

– Aaaaah ! ai-je hurlé. Une voix venait de me faire sursauter. Qui est là ? Qui êtes-vous ?

Un homme est sorti de l'obscurité.

– N'aie pas peur. Je comptais avec toi. Tu en étais à treize, je crois.

Incroyable ! Celui qui me parlait n'était autre que l'individu du métro. Un relent de carcasse pourrie est venu caresser mes narines. Ça m'a levé le cœur.

– Qu'est-ce que vous faites ici ? Qu'est-ce que vous me voulez ?

– T'aider.

– À quoi ?

– Eh bien... à compter.

– J'peux me débrouiller tout seul, merci.

– Tu viens vérifier si la pyramide contient 666 plaques, c'est ça ?

– Comment vous le savez ?

– Tout le monde fait ça.

– Et alors ? C'est quoi le nombre ?

– Pfff. Ce que je sais, c'est que deux pyramides côte à côte forment un M.

– Et puis ?

– Rien. Sauf que M est la treizième lettre de l'alphabet. M comme le Malin.

– Vous voulez me faire peur, c'est ça ? Ben c'est raté.

– Je ne veux rien du tout. Je t'explique des choses, c'est tout. Sais-tu quelle langue parle le Malin ?

– Non et je m'en fous.

– Le latin bien sûr. Tu connais les chiffres romains, toi ?

– Évidemment. Mais j'peux pas compter, là. Alors si vous voulez aller voir ailleurs, je suis pas contre.

– Sois gentil, écris-les sur ton calepin.

J'ai noté : I pour 1, V pour 5, X pour 10, L pour 50, C pour 100, D pour 500, M pour 1 000.

– Voilà ! Ça vous va ? Vous me laissez tranquille, maintenant.

– Raye le chiffre M. Tu sais bien qu'il est magique. Il ne faut pas l'utiliser. Bien. À présent, additionne les chiffres restants.

C'est ce que j'ai fait. 1 + 5 + 10 etc.

– Ah mince alors... J'arrive à 666. C'est fou votre truc. Mais vous êtes où ?

Le bonhomme avait disparu et l'odeur infecte aussi. Une vague de frissons m'a parcouru le dos. J'ai couru vers la pyramide et plus exactement vers Khoune.

– Khoune, Khoune, ai-je crié. Devine quoi...

Mais il m'a interrompu. Il avait l'air effrayé.

– Gus, le clochard est venu me voir.

– Moi, il m'a obligé à un calcul incroyable, ai-je répondu.

– Mais moi aussi, a rajouté Khoune. Il m'a demandé combien de 6 il y avait dans 666. J'ai répondu trois, évidemment. Alors il m'a dit : « Puisqu'il y a trois 6 dans ce nombre, ça fait 36 ! Tu n'as qu'à additionner tous les chiffres et nombres de 1 à 36 ». Je me suis lancé : 1 + 2 + 3 + 4... + 36. Tu sais à combien je suis arrivé.

– 666, je suppose.

– Exactement, Gus. Ce vieux me terrorise pour de bon et cette idée de compter aussi. Ce nombre est celui de la bête dans la Bible et on ferait peut-être mieux de ne jamais y arriver.

On a couru voir Lambert et Bilal. Ils n'en menaient pas large eux non plus. Tous les deux avaient eu la visite du clochard et avaient eu droit à un calcul maléfique. Comment cet homme avait-il fait pour être à quatre endroits en même temps...

– C'est le don d'ubiquité, nous a expliqué Khoune, le pouvoir d'être partout au même moment. Ils ne sont que deux à l'avoir : Dieu et le diable.

– Tu deviens lourd, a râlé Lambert après Khoune. Tu passes ton temps à raconter des sornettes de bonnes femmes. Moi, je ne veux pas abandonner pour une histoire de sorcellerie. Je retourne compter. Les courageux m'accompagnent.

En vérité, on avait tous la frousse, mais on l'a tous suivi, même Khoune qui était paralysé. On s'est planté devant une façade, carnet en main, puisque seule ma calculette possédait toutes ses touches. Cette fois, on restait groupé.

➔ 5

Il s'était écoulé une heure et plusieurs longues minutes. Chacun reprenait ses calculs et ses notes. On n'y voyait plus trop. Les nuages s'étiraient devant la lune et masquaient notre seule source de lumière. Après avoir additionné les totaux, les sous-totaux, les retenues par-ci par-là, on a décidé de comparer nos résultats.

– Cent cinquante-deux, a commencé Lambert.

– Cent cinquante-huit, a suivi Bilal.

Khoune avait trouvé cent soixante-quatre et moi cent quarante-six.

– On n'est pas au bout de nos peines, ai-je soupiré, épuisé par les chiffres. On ne va quand même pas recommencer le calcul.

– Non, a conclu Bilal. D'autant que je viens de réaliser qu'une des façades abrite la porte d'entrée. Ça veut dire qu'on ne peut même pas multiplier la somme d'une face par quatre.

– Oh ouais... T'as raison, Lambert était désespéré. Déjà qu'on ne trouve pas le même total.

– Mais comment on a pu se tromper à ce point ? a questionné Khoune.

À ce moment-là, on a regardé l'écart qui séparait nos additions et j'en ai lâché mon carnet. Entre chaque nombre, on comptait six ! Donc entre les quatre résultats : 6, 6 et encore 6.

– 666, a hurlé Khoune, terrifié. Moi, j'abandonne. Je vous l'ai dit, on aurait jamais dû venir ici. Tout est étrange depuis qu'on est parti : le métro, le clochard, les rues vides, les lumières éteintes et ce nombre qui revient en permanence, les touches qui disparaissent...

– Je regrette, je reste.

Lambert avait parlé calmement et ça nous a surpris.

– Je vais au bout du périple, a-t-il repris, même si je dois y laisser ma peau.

– Eh bien moi, je rentre, a lancé Khoune, nettement moins calme.

– Non ! me suis-je énervé. On ne se sépare pas.

Et j'ai proposé un dernier calcul. Le der des ders. Celui après lequel on abandonnerait si le sort s'acharnait. On s'est tapé dans la main, comme au début de l'aventure, et on s'est remis au boulot. On allait faire le tour de la construction, compter à voix haute, noter les chiffres, additionner et dessiner des schémas. On allait y arriver, c'était certain.

→ 6

J'avais à peine terminé ma phrase que je me suis retrouvé seul face à la pyramide. J'ai pivoté sur moi-même, me suis tourné dans tous les sens et j'ai vu mes copains, au loin. On avait été dispersé à chaque coin de la Cour carrée, comme par magie... noire. La pyramide étant au milieu, je n'avais vue que sur Lambert et Bilal. Khoune devait être à l'opposé de moi, dans la diagonale. Je me suis dirigé vers Bilal et j'ai vu Lambert nous rejoindre.

– Qu'est-ce qui s'est passé ? ai-je crié, de loin.

– J'en sais rien, c'est du délire ce truc, m'a répondu Bilal en se rapprochant.

– Ça devient sérieux, ai-je ajouté, je crois qu'on va abandonner.

– Dis-moi, Gus, m'a demandé Bilal, tu portais un maillot de foot, tout à l'heure ?

– Ben non pourquoi ?

– Parce que t'en as un sur le dos maintenant.

– Parle pour toi, plutôt.

On a jeté un œil à nos fringues respectives et on est resté muet. Sans lâcher un mot, on s'est retourné vers Lambert qui approchait.

– Vous n'êtes pas bien, les gars, de me regarder comme ça ? Il y a un truc qui cloche ?

– Ton maillot, Lambert. C'est le même que le nôtre.

– Vous avez raison. Mais c'est quoi ce traquenard ? Et Khoune ? Lui aussi il est déguisé en joueur de foot ?

– Ah, mais oui. J'avais oublié Khoune. Il doit être dans un coin de la cour. Tu le voyais de ta place, toi, Bilal ?

– Non, je ne voyais que toi, a-t-il répondu d'une voix tremblante qui trahissait son anxiété.

– Quel nul, s'est énervé Lambert. Je suis sûr qu'il est rentré chez lui.

– Pas certain. Tu vois bien ce qui nous est arrivé. Quelque chose nous a envoyés aux quatre coins de la cour.

– Tu peux dire aux trois, a corrigé Bilal, parce que lui, il n'y est pas. Faut faire le tour, pour le trouver.

Et Bilal est passé devant nous, avec l'intention de contourner la pyramide. Le voir de dos, m'a paralysé.

– Reviens Bilal ! ai-je hurlé.

– Quoi ? Qu'est-ce qu'il y a encore ?

Lambert et moi, on était blême. Sans échanger une parole, on s'est mutuellement montré notre dos. Nous étions trois. Nous portions un maillot de foot. Nous affichions le même numéro : 6.

Cette fois, Lambert a bien été obligé de reconnaître qu'on ne se racontait pas d'histoires. On nageait en pleine folie. Le diable nous avait collé des maillots sur le dos et fait disparaître le plus méfiant d'entre nous : Khoune.

– Appelle ton père, m'a demandé Lambert. Dis-lui de venir nous chercher en voiture. Moi, je reprends pas le métro.

– De toute façon, il n'y en a plus, à cette heure-ci, a insisté Bilal.

– Je veux bien, mais Khoune dans l'histoire ?

– On le cherche en attendant ton père et si on ne le retrouve pas, on prévient la police.

– T'as raison Lambert. J'allais pianoter sur le clavier quand j'ai marqué un temps d'arrêt qui n'a pas surpris mes copains.

– Tu n'as pas de 6 sur ton téléphone, c'est ça ? a questionné Bilal.

– Exactement !

– Passe par le répertoire.

Lambert commençait à craquer. Il devenait directif et impatient. Je sentais qu'il paniquait.

– Je suis désolé...

– Mais, quoi encore ?

– Du calme Lambert, ai-je rassuré, on va trouver une solution. Il y a que tous les 6 ont disparu du répertoire.

– Avec tous les portables qui commencent par 06, on n'est pas dans le pétrin. Mais ton père, il a un fixe non ?

– Oui ! 01 46...

– C'est pas possible...

– On est sauvé, a échappé Bilal. Mon portable fonctionne aussi avec une commande vocale.

– Géant ! ai-je explosé. Vas-y, appelle mon père.

– Fairmont ! Fairmont !

Bilal a répété plusieurs fois le nom de mon père et le téléphone a finalement composé le numéro. Ça sonnait, sonnait, sonnait. Mon paternel a décroché avec une voix d'outre-tombe.

– M'ouais... Allô.

– M'sieur Fairmont, c'est Bilal à l'appareil. Je suis avec Gus au Louvre. Faut vite venir nous chercher. On a perdu Khoune et...

– Ho ! Ho ! du calme ! Qu'est-ce qu'il se passe ? Je ne comprends rien. Quelle heure est-il ?

– C'est la nuit, je suis désolé monsieur Fairmont. On va tout vous expliquer, mais venez d'abord nous chercher.

– Ramène-toi papa, j'ai crié de loin.
– J'arrive, a-t-il soupiré avant de raccrocher.

On était sauvé. Ça nous laissait une trentaine de minutes pour retrouver Khoune. Ensuite, on allait sauter dans la voiture et partir loin de cet endroit diabolique.

→ 666

La nuit baignait Paris. Les nuages avaient rongé la lune jusqu'à l'avaler complètement et même la digérer. Elle avait disparu du ciel comme Khoune de la Cour carrée. Où pouvait-il bien être ? Il avait été le seul à pressentir le danger. Lui seul nous avait mis en garde. N'était-il pas le petit-fils d'une sorcière ? Le diable avait peut-être repéré chez lui un quelconque potentiel, de quoi en faire un envoyé de Satan ? Avec les copains, on parcourait la cour de long en large. Le froid plantait ses crocs dans mes reins et ma nuque. Je grelottais et les autres claquaient des dents eux aussi. La température avait chuté aussi rapidement que dans le métro, preuve que le Malin se cachait derrière tout ça. On n'avait plus de pull, plus de blouson, ce qui nous obligeait à garder sur les épaules ce foutu maillot et, par là même, le numéro de la bête. On marchait de front, tous les trois, marqués du sceau : 666.

– Mais bon sang, Khoune, t'es où ? chuchotait Lambert comme pour ne pas éveiller la bête.

On regardait partout, les renfoncements, les portes, les coins sombres, mais notre copain restait introuvable. Ma montre, dont le cadran avait bien sûr égaré son 6, affichait 3 h 15. Mon père n'allait pas tarder à pointer le bout de sa berline. À regret, mais quand même soulagé, on allait devoir abandonner la place. Dans le meilleur des cas, Khoune avait cédé à la panique et sauté dans un taxi, dans le pire… Non. On ne pouvait imaginer le pire. Dès qu'on serait à l'abri dans la voiture de mon père, on appellerait la police, ils lanceraient les recherches et ils le retrouveraient sain et sauf. On s'est approché de la rue de Rivoli. Des phares roulaient vers nous et je n'ai pas tardé à reconnaître la calandre de notre Peugeot. Le visage de Lambert s'est décrispé et j'ai respiré, à mon tour.

– Montez, les aventuriers du dimanche ! a ricané mon père qui ne se doutait pas de ce que nous venions de vivre.

– Vous êtes notre sauveur, a lancé Bilal en grimpant à l'arrière.

– C'est sûr, a ri mon père. Mais vous n'étiez pas quatre ?

– Justement 'pa, ai-je dit, il faut qu'on appelle les secours…

Mais Lambert m'a coupé la parole.

– Regardez à côté de nous !

Un taxi venait de s'arrêter à notre droite mais repartait lentement. On a juste eu le temps de reconnaître Khoune, à l'arrière, qui tapait sur la vitre. Le chauffeur ne m'était pas inconnu et soudain j'ai réalisé.

– Vous avez vu ? Le conducteur, c'est…

– Ouais, je sais, a tremblé Lambert, c'est le clochard.

Et le taxi a démarré en trombe.

On a juste eu le temps de noter la plaque d'immatriculation : 666.

13 LÉGENDES
URBAINES
Alain Venisse
AU DOIGT
ET À L'ŒIL

Des adolescents, déjeunant
dans une chaîne de restauration rapide,
auraient trouvé un doigt humain
au milieu de leurs frites.
La même histoire circule avec un os de rat,
retrouvé dans le steak d'un hamburger.

AU DOIGT ET À L'ŒIL

→ 1

– On arrive bientôt ? J'ai faim, moi !

– La ferme, Fatty !

Sur la banquette du fond, Fatty se renfrogne. Déjà qu'il aime pas le surnom qu'on lui a donné. C'est vrai que *fatty*, en anglais, ça veut dire « grassouillet ». D'un autre côté, on peut pas dire non plus qu'il soit vraiment mince. Normal, quand on se nourrit de hamburgers-frites, de gâteaux à la crème et de barres de chocolat à toute heure de la journée.

Béa, assise près de lui, le console en lui passant une main dans les cheveux, à rebrousse-poil. Avec elle, Fatty ne se fâche jamais. Il est amoureux. Paraît même qu'elle lui a promis de l'embrasser un jour sur la bouche, à condition qu'il perde du poids. Le veinard ! À sa place, je ferais un effort. Parce que Caro ne m'a jamais proposé la même chose, et c'est pourtant ma copine attitrée. Elle et moi, on occupe les sièges avant, à côté de mon cousin Erwan, qui conduit le 4 x 4.

Encore quelques kilomètres, et nous atteindrons notre destination : le petit chalet tout en bois que nous prête Barney, pour le week-end. Barney, c'est l'oncle de Béa, un vieux de trente ans passés, qui tourne des reportages pour la télé. De temps à autre, pour se changer les idées, il aime à se retirer dans ce coin perdu au milieu des sapins, à plus de quinze bornes du premier village. Pour nous ce sera comme du camping, mais en plus confortable : entre de vrais murs, sous un vrai toit.

On a emporté tout le nécessaire, y compris nos consoles de jeu, en cas de mauvais temps. Parce qu'il y a l'électricité au chalet, grâce à un générateur. Ce qui autorise la télé par satellite, l'écran plat avec une profusion de films. Les lits sont bons, les chambres agréables. Mais on doit se passer de téléphone, car même les portables ne captent pas. Tant pis, on fera avec !

N'empêche que le trajet a été long, on a tous hâte d'arriver. À l'arrière, Fatty la ramène de plus belle :

– C'est encore loin ? J'ai le ventre qui grogne.

– La ferme, Fatty ! répondent trois voix en chœur.

En chemin, on s'est arrêté au MacDaffy, une nouvelle chaîne de fast-food, pour laquelle oncle Barney a réalisé plusieurs spots publicitaires. Depuis, il a des prix. Mais pas question pour l'instant que Fatty mette son nez dans le carton de provisions. D'ailleurs Erwan, au volant, nous prévient :

– Du calme, les gosses, on arrive !

Les gosses ! Je déteste qu'il nous appelle comme ça, sous prétexte qu'on a treize ans en moyenne, et lui vingt-deux. Mais il a son permis et il conduit bien. Sans lui pas de voyage. Alors autant me taire. Surtout qu'il a dit la vérité. Après un dernier virage s'amorce sur la droite un chemin dans lequel il s'engage prudemment, aidé par les quatre roues motrices. Deux minutes plus tard, nous mettons pied à terre devant le fameux chalet.

Super ! Erwan sort le trousseau de clés qu'on lui a confié, ouvre la porte et pénètre avec sa torche électrique. Le temps pour lui de déverrouiller les volets en bois, la lumière du jour entre. Puis il gagne la cabane secondaire, distante d'une dizaine de mètres, d'où s'élève bientôt le bruit du groupe électrogène. Dans le chalet, les lampes s'allument, le réfrigérateur se met en marche. Déjà Béa branche l'écran plasma et se vautre devant, dans le grand canapé.

– Enfin... On va pouvoir manger ! se réjouit Fatty.

Sans plus attendre, on sort du carton les sacs en papier isotherme contenant les menus avec nos noms, pour les réchauffer un par un dans le micro-ondes. Le plus gros, bien sûr, c'est celui de Fatty : un Spécial Gargantua, avec double ration de viande, triple ration de frites, et deux énormes donuts en prime. Pour ma part, j'ai pris un Spécial Fish au poisson pané, plus raisonnable, et ma copine Caro un Spécial Minceur – allégé en calories, paraît-il... bien que je n'y croie qu'à moitié.

Béa, en extase devant une série débile, attend qu'on lui apporte le sien. Fatty s'exécute avec un sourire crétin, et en profite pour s'installer contre elle, dans le canapé. Moi, j'entraîne Caro sur un fauteuil plus étroit. Elle ne proteste pas, c'est bon signe. La vie est belle, l'ambiance au beau fixe... lorsque retentit soudain un cri strident !

→ 2

Béa s'est dressée en face de l'écran, blanche comme je ne l'ai jamais vue. Elle tremble, à la limite des sanglots. À ses pieds, répandu, le contenu du gros cornet de frites qu'elle vient de lâcher. Avec, au milieu... un doigt coupé !

Oui, j'ai bien dit : un doigt humain, sectionné à sa base. Fatty s'en est étranglé avec son burger, il en a plein le tee-shirt.

– Tu crois que c'est un vrai ? me demande Caro. Dis, Greg... je rêve ou quoi ?

Béa ressemble à une statue, on doit la prendre par les épaules pour aller l'asseoir sur une chaise, à l'écart. Comme personne d'autre ne se décide, je prends une pince à cornichons sur l'évier puis, surmontant mon dégoût, je reviens vers le canapé, j'attrape le débris macabre et le porte à hauteur de mes yeux. Aucun doute… berk !

– Mais qu'est-ce que vous fabriquez, les gosses ? J'ai entendu crier !

Erwan se tient dans le cadre de la porte, après avoir rempli son rôle auprès du générateur. Un instant, il nous fixe d'un air incrédule, avant de s'approcher. Quelques secondes pour lui exposer la situation, quelques autres pour qu'il réalise. Ici, il représente le monde adulte, à lui de prendre les décisions.

Tout d'abord, il vérifie nos divers menus. Rien à signaler dans le Spécial Gargantua, ni le Fish, ni le Minceur. Mais celui de Béa s'appelle un Spécial Cannibale ! Une nouveauté exclusive, comme le précise l'emballage. Drôle de nouveauté, tout de même : entre les tranches de pain, la viande a une couleur inhabituelle. À l'intérieur, on trouve une alliance en or, avec des initiales gravées. Pire encore : dans le pot de crème dessert flotte un œil humain, avec son nerf optique. À ce stade, dommage pour le tapis de tonton : nos estomacs se vident, c'est plus fort que nous.

Soyons francs, Erwan reprend le dessus en premier. Il fait trois fois le tour du canapé en silence, puis revient se planter devant nous.

– Bon d'accord, ça paraît fou, mais y a forcément une explication. Pour l'instant, j'en vois trois. La première : la maison MacDaffy s'est prise au jeu, elle offre vraiment des déchets humains dans ses menus… Ça tient pas la route une seconde ! La deuxième : un des cuisiniers s'est mutilé accidentellement… J'y crois pas davantage. La troisième…

Il s'interrompt, avec un regard éloquent en direction de Béa, toujours hébétée sur sa chaise. Il a raison. Inutile qu'elle entende la suite, elle est déjà assez perturbée. On s'éloigne encore un peu plus.

– La troisième, reprend-il un ton plus bas, c'est un truc qu'on m'a raconté. Ou bien que j'ai vu dans un film, pas moyen de me souvenir. En tout cas, un jeune type trouvait un doigt coupé dans son assiette de frites. Dans l'histoire, c'était le signe qu'un tueur en série l'avait repéré, et qu'il l'avait choisi pour cible.

Génial ! Pour nous rassurer, Erwan pouvait pas trouver mieux !

– Et le type en question, souffle Caro, il s'en sort à la fin ?

– Je crois, oui... De toute façon, pour nous, pas d'hésitation : j'emballe ces cochonneries et je file avec à la gendarmerie de Dampierre... C'est la plus proche.

– Et nous, alors ? Tu nous laisses seuls ?

– Qu'est-ce que tu crois ? Je vais quand même pas vous emmener ? Ha ! J'aurais l'air sérieux, avec quatre bouffons en remorque ! D'ailleurs, vous ne craignez rien, en mon absence. La baraque est solide, y a trois serrures de sécurité sur la porte, et un seul trousseau. Greg, tu es le plus âgé des quatre, c'est à toi que je le confie. Tu verrouilleras après mon départ, ensuite tu n'ouvriras plus à personne, quoi qu'il arrive.

Joignant le geste à la parole, il me tend les clés en question. Puis va chercher un sac en plastique et y fourre nos sinistres trouvailles. Au passage, il allume la minichaîne d'où s'élève de la techno.

– Un peu de musique, rien de mieux pour détendre l'atmosphère. Je serai pas long, promis.

→ 3

Erwan n'avait pas tort. Une heure s'est écoulée, et notre mésaventure nous paraît déjà moins réelle. D'un instant à l'autre, c'est sûr, il va revenir avec des nouvelles rassurantes. Genre mauvaise farce d'un étudiant en médecine, contraint de bosser chez MacDaffy.

À notre grand soulagement, Béa est enfin sortie de son état de choc. Elle a regagné le canapé sans un mot, pour se recoller devant l'écran plasma. Près d'elle, Fatty s'est décidé à finir son énorme repas complet, sans doute pour se remettre de ses émotions. Et vous savez ce qu'ils regardent, ces deux blaireaux ? Je vous le donne en mille... Un film d'horreur !

Du coup, Caro et moi on s'est installé à la petite table pour jouer aux cartes. D'abord, j'avais proposé un strip-poker, mais elle n'a pas marché... Dommage ! Ou peut-être tant mieux, car elle s'obstine à gagner. Ça commence à m'énerver, quand j'entends Fatty protester :

– C'est quoi, cette télé pourrie ? Les chaînes arrêtent pas de changer toutes seules !

– Sûrement le démodulateur qui déconne, suggère Béa.

Au plafond, les ampoules clignotent à leur tour, la lumière monte et descend.

– À mon avis, ça vient plutôt du générateur, dis-je. Faut aller y jeter un coup d'œil. Fatty, tu m'accompagnes ?

– Ça peut pas attendre un peu, Greg ? Je viens juste de récupérer le bon programme. Sans compter qu'Erwan nous a interdit d'ouvrir la porte.

– Il nous a interdit d'ouvrir à un inconnu, nuance. Pas de sortir en cas d'urgence. Et ça, c'en est une. Tu aurais envie de te retrouver dans le noir et sans électricité, d'ici une dizaine de minutes ?

En général Fatty ne comprend pas vite, mais là j'ai touché le point sensible. Il s'arrache du canapé.

– Bon, remarque Caro. Si on arrête le jeu, moi j'en profite pour aller faire ma toilette du soir.

Tandis qu'elle se dirige vers la salle de bains, je gagne la porte,

Fatty sur mes talons. Prudence oblige, je jette d'abord un coup d'œil par le petit judas grillagé. Dehors, tout respire le calme. Déjà le soleil couchant semble incendier les sapins. Mais que fait donc Erwan ?

→ 4

Notre incursion dans la petite cabane est de courte durée. Rien à signaler, sauf le niveau de carburant trop bas. Avec l'aide de Fatty, je remplis le réservoir, puis nous ressortons sans nous attarder. Pendant que je remets les cadenas en place, lui s'éloigne discrètement, comme captivé par quelque chose.

Bonjour la surprise ! Les volets correspondant à la salle de bains sont restés ouverts. Malgré la buée sur les vitres, on distingue parfaitement la forme de Caro, toute nue devant le lavabo. Et l'autre qui en profite pour se rincer l'œil ! C'est plus fort que moi, je lui balance un grand coup de pied dans le derrière.

– Ça va pas, la tête ? glapit ma victime. Tu m'as fait vachement mal. Et j'y suis pour rien, moi... elle avait qu'à fermer !

Là, il a pas tort. J'attrape les panneaux de bois et répare l'oubli. Mais d'abord, autant l'avouer... je m'attarde quelques secondes pour admirer à mon tour le joli spectacle. C'est vrai qu'elle est belle, ma copine... Vivement qu'on grandisse, tous les deux !

De retour dans le chalet, je note que Béa s'est rendue utile, pour une fois. Délaissant son cher écran, elle a fait l'effort d'allumer du feu dans la cheminée. La flamme qui s'élève réchauffe l'atmosphère. Le moral aussi.

– Génial ! apprécie Caro en rentrant dans la pièce.

Elle porte maintenant un petit pyjama craquant, et paraît surprise de la façon dont je la dévore des yeux. Mais comptez pas sur moi pour lui avouer la raison ! À la télé, un polar musclé a succédé au film d'horreur. Tous les quatre, on s'affale sur le canapé. Fatty et Béa gloussent ensemble, Caro me laisse même lui passer un bras autour de la taille. C'est alors qu'un bruit familier monte de l'extérieur. Le moteur du 4 x 4, enfin, qui approche pour venir se ranger devant le chalet ! Gardien des clés, présent ! Je me dresse et bondis vers la porte. Mais quelle drôle d'intuition m'arrête en chemin, empêchant mes doigts de toucher les serrures ?

– Ben... Qu'est-ce que tu attends pour lui ouvrir ? s'étonnent les autres.

– Je sais pas... J'attends qu'il frappe.

Du coup, retombe un lourd silence. Une minute se passe. Puis deux. Peut-être Erwan a-t-il profité de son passage en ville pour refaire des courses ? Peut-être est-il en train de les décharger ? Mais dans ce cas... pourquoi il nous appelle pas pour l'aider ?

Je dois savoir. Comme tout à l'heure, j'entrebâille le judas. Le gros véhicule est bien garé juste en face, phares allumés. D'abord, j'ai l'impression qu'il est abandonné. Puis je distingue une forme, à la place du conducteur. Mon cœur fait un bond : ça n'est pas Erwan ! La silhouette est plus grande, plus massive. D'une immobilité effrayante.

Quelle était cette fameuse explication, au sujet du doigt dans les frites ? Le message d'un tueur en série, qui a décidé de vous prendre pour cible ? Comme cette agréable pensée me traverse, les phares du 4 x 4 s'éteignent. Je pousse un cri et claque le judas. Cette fois, plus moyen de cacher la vérité aux copains, qui se rassemblent, très pâles. D'un signe, je leur impose le calme. On coupe le son de la télé. Tout ce qu'on entend maintenant, c'est le crépitement du bois dans la cheminée.

Et soudain, un autre bruit nous fait dresser à tous les cheveux sur la tête... Quelque chose gratte doucement contre les volets ! D'une voix blanche, je me force à demander :

– Y a quelqu'un ? C'est toi, Erwan ?

O.K., c'était idiot. Mais on peut m'excuser, vu les circonstances. Pour commencer, rien ne se passe. Puis, alors qu'on s'y attend le moins, une série de coups furieux ébranle la porte. Les filles se réfugient au fond de la pièce, dans les bras l'une de l'autre. Fatty se met à l'abri derrière le buffet. Moi, j'essaie de faire bonne figure, sans trop y parvenir... lorsque l'éclairage s'éteint brutalement.

→ 5

Plus de courant, plus de lumière. Quel que soit l'intrus, il a réussi à faire sauter les cadenas et à couper le générateur. Heureusement, le feu allumé par Béa rayonne toujours dans la cheminée, nous évitant de tomber dans le noir total. Profitant du silence qui s'installe au-dehors, je fais le point dans ma tête. Et d'un, nous sommes coincés dans un chalet isolé, à quinze kilomètres de toute habitation. Et de deux, nous n'avons pas de téléphone, et plus d'électricité. Et de trois, pour rester objectif : les murs n'en sont pas moins solides, la porte aussi, les serrures tiennent bon. En plus, nous sommes quatre, et l'union fait la force. On a le choix : céder à la panique... ou réagir ! J'appelle les autres à la rescousse :

– Vite, remettez du bois dans le feu, qu'on y voie bien clair ! Fatty, aide-moi à pousser la grosse table contre la porte. Faut aussi nous trouver des armes. Béa, trie les bûches pour faire des gourdins. Caro, décroche ces tringles à rideaux à bouts pointus ! Et gardez vos lampes électriques près de vous.

J'en reviens pas, en deux minutes la résistance s'organise… et c'est moi qui la dirige ! Caro me propose même un gros jerrican trouvé dans le placard à balais. De l'essence en réserve pour le générateur ! Je l'ouvre, et verse le contenu dans un seau. Fatty, de son côté, se munit d'une boîte d'allumettes. Du coup, on n'a plus le temps d'avoir peur. Notre petite bande se dispose en cercle autour de l'entrée, prête à tout.

À l'extérieur, le calme plat se prolonge. Qu'y a-t-il de pire ? Nos craintes de tout à l'heure… ou cette attente qui paraît interminable ? Brusquement, un bruit inattendu nous remet sur nos gardes. De l'autre côté, un doigt vient de frapper discrètement au panneau. Quelqu'un interroge tout bas :

– Vous êtes là, les jeunes ? C'est moi, Erwan. Me laissez pas dehors, ça caille !

Nous nous regardons en silence. Ce n'était pas la voix de notre copain. D'autant qu'il aurait dit « les gosses », et pas « les jeunes ». Mais avec nous, ça ne marche pas ! En faisant les morts, on a plus de chances de le prendre par surprise.

– Ha ! c'est comme ça ? insiste la voix. Alors vous l'aurez voulu… J'ARRIVE !

Pour ponctuer la menace, une clé s'engage dans la première serrure, qu'elle commence à ouvrir sans résistance, avant de s'attaquer aux suivantes. Une clé ?! Erwan a donc menti, en affirmant qu'il n'existait qu'un seul trousseau ! Mais pourquoi ? À moins qu'il n'ait pas été au courant ? Ce qui est sûr, c'est que le type du dehors va entrer d'un instant à l'autre.

Maintenant la poignée de la porte s'abaisse, le panneau s'ouvre lentement, repoussant à mesure la table qui le calait. Ça y est : une large silhouette s'encadre dans l'ouverture. Celle que j'avais vue tout à l'heure, au volant du 4 x 4. Ses mains tiennent quelque chose qu'on a du mal à distinguer. Sûrement une tronçonneuse, pour mieux nous découper vivants. Là, plus d'hésitation. Je lui balance le contenu de mon seau d'essence. Déjà, Fatty gratte son allumette, quand soudain...

– Non, non, arrêtez ! Y a erreur, j'ai aucune intention de vous faire du mal ! C'était juste une blague, vous entendez ? Une blague ! Je peux tout expliquer.

→ 6

Stupeur de notre part ! O.K., cette intonation n'est pas celle d'un *serial killer* prêt à nous réduire en chair à pâté. C'est celle d'un homme qui craint pour sa vie et nous implore. L'allumette de Fatty s'éteint, en même temps que s'allument nos lampes électriques. Malgré sa carrure impressionnante, faut avouer que l'homme devant nous n'a pas l'air d'une brute assoiffée de sang, mais plutôt d'un pauvre bougre pris dans une galère. Et ce qu'il tient n'est pas une tronçonneuse, mais une grosse caméra numérique.

– Je m'appelle Jérémie, avoue-t-il. Je suis cadreur et je bosse pour votre oncle Barney ! C'est lui qui a imaginé toute cette mise en scène. Votre copain Erwan marche aussi dans la combine. Vous n'avez qu'à lui demander, il est planqué à l'arrière du 4 x 4. Je l'appelle tout de suite, si vous voulez.

– Pas la peine, intervient derrière lui une voix que nous reconnaissons. J'ai tout vu de loin, je suis déjà là.

Cette fois, il s'agit bien du véritable Erwan, qui vient de quitter sa cachette. Après tant d'émotions, tant d'angoisses, on devrait lui sauter au cou. Pourtant, le cœur n'y est pas. Comment il a pu nous faire ça, à nous ? D'ailleurs, lui-même paraît gêné, il s'avance sans nous regarder, puis exécute un crochet par le générateur. Aussitôt les lumières se rallument, on respire à nouveau.

Cinq minutes plus tard, l'ambiance est à la détente. Les seuls à se sentir encore mal à l'aise sont Erwan et Jérémie, assis dans le canapé sous le feu croisé de nos regards sévères. Jérémie est en caleçon, il a dû ôter ses vêtements imbibés d'essence avant de s'installer devant la cheminée. Béa voulait même lui faire enlever le reste, « par mesure de prudence »... mais il a refusé !

– Je suis désolé, les gosses, attaque Erwan d'un air piteux. L'histoire a peut-être été un peu loin... mais je pouvais pas imaginer que vous la prendriez tant au sérieux, ni que vous réagiriez avec une telle... vigueur ! Parce qu'il ne s'agit pas d'une vulgaire farce sans intérêt. La télé réalité, vous avez entendu parler ?

– Cette bonne blague ! intervient Béa, spécialiste du petit écran, ça cartonne à tous les coups.

– Je te le fais pas dire. Le principe est simple : placer des personnes ordinaires dans des situations EXTRAordinaires. À leur insu, évidemment. Et observer ce qui se passe, le spectateur raffole de ça. Eh bien ton oncle Barney travaille actuellement sur un concept de ce type, basé sur le thème des légendes urbaines. Est-ce que les gens y croient ? Est-ce qu'on peut les pousser à y croire ? Et qu'arrive-t-il ensuite ? C'est pour ça qu'il a insisté pour vous inviter dans son chalet. L'endroit est idéal : à l'écart, en pleine forêt... et surtout truffé de caméras cachées, qui peuvent même filmer dans le noir complet.

– Mais c'est dégoûtant ! se révolte Caro, le rouge aux joues. Y en avait aussi dans les W.-C. ?

– Bien sûr que non ! Ni dans les toilettes, ni dans la salle de bains, ni dans les chambres, on n'est quand même pas des pervers. Le but de la manœuvre était d'enregistrer vos réactions dans les lieux de rencontre habituels : la cuisine, le salon. Et même depuis l'extérieur, grâce à un opérateur dissimulé : Jérémie.

– J'étais en planque depuis votre arrivée, confirme l'autre. J'ai capté la sortie de Greg et Fatty vers le générateur, qu'on avait un peu trafiqué. Fallait bien créer des situations de crise, pour observer comment vous les géreriez.

– Et sur ce plan-là, bravo ! souligne Erwan. Votre courage à tous m'a bluffé. Surtout le tien, Greg, sans compter ton esprit de décision et ta façon de faire face aux pires circonstances.

Là, je trouve qu'il en rajoute, ça s'appelle cirer les pompes, ou je m'y connais pas ! Non, je ne suis pas dupe, et je me gêne pas pour le lui dire :

– Alors comme ça, Barney nous a pris pour cobayes, dans le seul but de faire plaisir aux téléspectateurs ? Mais tu te rends compte, pauvre naze, qu'on a failli faire griller Jérémie comme un vulgaire cochon de lait ? Et puisque vous êtes si malins, tous les deux, vous devez connaître ce qu'on appelle le droit à l'image ? J'ai découvert ça sur Internet, au sujet d'une star qu'on avait photographiée en douce pendant qu'elle faisait du naturisme.

Erwan est tout sauf bête. Pour la première fois depuis un moment, un sourire en coin éclaire son visage.

– J'allais y venir, justement. Malgré une fin un peu... mouvementée, on a accumulé assez d'images pour une première émission à fracasser l'Audimat. Mais tu as raison, pour les diffuser nous avons besoin de votre autorisation écrite. Et de celle de vos parents, puisque vous êtes mineurs.

– Et pourquoi on vous la donnerait ?

– Tu veux dire : pourquoi vous la refuseriez ? Car, à aucun

moment, vous n'êtes ridicules, sur nos enregistrements. Au contraire, vous donnez l'exemple de jeunes pleins de détermination, déjà prêts à affronter les difficultés de la vie. Sans compter que votre participation ne sera pas gratuite. Pour vous, ce passage sur plein de chaînes représente une certaine célébrité, et aussi pas mal d'argent.

– Tiens donc... Combien ?

Là, Erwan sent qu'il tient le bon bout. Son regard pétille. Sans répondre, il prend un bout de papier et y inscrit un chiffre, puis le glisse vers moi.

– Ah ouais... quand même ! je reconnais, avant de passer la feuille à mes amis dont les yeux, à leur tour, s'ouvrent grands. Sauf ceux de Fatty, qui bougonne :

– Moi aussi, je vais sur le Net. Et je sais qu'une somme pareille sera bloquée sur un compte, jusqu'à ma majorité. Et encore... en admettant que mes parents n'aient pas besoin de la dépenser « dans mon intérêt » ! Alors j'y gagne quoi, en attendant ?

– D'accord, convient Erwan. Avec toi, on peut trouver un autre arrangement, si tu préfères. La chaîne MacDaffy est notre sponsor. Elle pourrait, par exemple, te concéder des repas gratuits dans tous ses restaurants, à vie et sans restrictions.

Je l'ai toujours dit : Fatty n'est pas un garçon têtu, suffit juste de le prendre par les sentiments. Là, aucun doute : l'affaire est conclue, pour lui comme pour nous. Pour fêter ça, les grands déboucheraient du champagne. Nous, on verse du Coca dans des verres en plastique, et on trinque. Fini la méfiance, on peut parler sans arrière-pensées.

– Chapeau quand même, pour vos gadgets dans le hamburger ! C'était si convaincant qu'on s'est même pas posé la question.

– Pour l'œil, rigole Erwan, on a trafiqué un petit globe en plastique. La viande, on avait mis du colorant dedans, et l'alliance en or était fausse ! Mais la palme, je la donnerais au doigt coupé déposé par Jérémie. Il avait l'air tellement vrai !

– Moi ? relève le cameraman, soudain étonné. Tu veux rire, je me suis jamais occupé de ça. J'ai cru que c'était toi, au contraire...

Du coup, les deux compères se fixent d'une drôle de façon, je jurerais qu'ils ont pâli. S'agit-il encore d'un de leurs tours ? Non, impossible, pas cette fois. Leurs visages ne pourraient mentir à ce point. Mais alors... Mais alors...

Si ni l'un ni l'autre n'est responsable... QUI A MIS UN DOIGT COUPÉ DANS LES FRITES ?

Comme je m'interroge, dehors monte un rugissement de moteur, suivi d'un fracas métallique. Traduction : un gros véhicule vient d'escalader la côte à fond la caisse, pour venir percuter notre 4 x 4. Presque aussitôt s'élève un ricanement sinistre qui nous glace le sang. Une portière claque, quelque chose grince. Des pas lourds font crisser les cailloux du côté du générateur.

Encore quelques secondes, et toutes les lumières s'éteignent en même temps. D'un seul coup, j'ai l'impression qu'une trappe s'ouvre sous mes pieds. Cette fois, personne n'a entretenu le feu, la cheminée ne contient plus que des braises. Dans ce reste de clarté mourante, mes compagnons n'en mènent visiblement pas plus large que moi. Une même question nous brûle les lèvres. Une question qu'aucun d'entre nous n'ose poser :

Et s'il y avait du vrai, dans ces histoires de légendes urbaines ?

13 LÉGENDES URBAINES
Nicolas Jaillet
TÊTE DE LARD

En roulant la nuit
sur une route forestière,
une voiture percute un énorme sanglier.
Le conducteur aurait chargé
l'animal dans son coffre.
On raconte que, malheureusement,
le sanglier n'était pas mort...

TÊTE DE LARD

→ 1

Stella savait bien qu'il est inutile de marteler du poing la cloison d'un ascenseur, ça ne le fait pas avancer plus vite, mais c'était plus fort qu'elle.

– Vite, vite !

La clochette retentit. Stella poussa la porte d'un coup d'épaule et s'arrêta dans le couloir. Elle tendit l'oreille. Pas de bruit dans l'escalier. Pendant quelques secondes, l'ascenseur resta éteint. Stella mourait d'envie de s'enfuir, mais elle restait là. Elle voulait voir. Le moteur démarra. Les chiffres lumineux clignotaient en décroissant.

L'ascenseur atteignit le rez-de-chaussée, puis le premier sous-sol, et s'arrêta au second.

C'était lui. Il l'avait vue, dans le garage. Il la suivait.

L'ascenseur remontait, maintenant. Stella bondit vers la porte de l'appartement. Les clés tremblaient entre ses mains. Il lui fallut deux fois plus de temps que d'habitude pour déverrouiller la serrure. Elle se glissa à l'intérieur et referma la porte aussi délicatement que possible.

L'ascenseur était monté à l'étage supérieur. Stella entendait des bruits de pas, juste au-dessus de sa tête. Il rentrait chez lui, tranquillement. Il reprenait sa vie de voisin, dans un appartement identique à celui que Stella habitait avec sa famille. Il ne la suivait pas. Il ne l'avait pas vue.

Il y eut deux petits chocs sur le plancher. M. Strozzi enlevait ses bottes. En sourdine, de loin, sa femme lui parlait. Au ton de la voix, on imaginait des commentaires désagréables, à propos de son treillis sale, probablement, et de la terre qu'il avait sous les semelles. La voix de la femme devenait plus nette et s'approchait, en même temps que le flic-flac d'une paire de mules.

M. Strozzi émit un grognement, et sa femme s'éloigna, avec le même flic-flac, les mêmes intonations plaintives dans la voix.

Après un bref silence, les pas de l'homme se déplacèrent vers la cuisine. Roulement à billes, bruit de bois : il avait ouvert un tiroir. Cliquetis métalliques. Protestations de M. Strozzi en direction de sa femme. Réponse de sa femme, de loin.

Il cherche quelque chose dans la cuisine. Dans le tiroir à couverts.

Stella eut un frisson.

Un couteau.

Elle courut dans le salon sur la pointe des pieds. En évitant d'un bond gracieux le pli du tapis, elle faillit s'affaler sur la table basse. Elle saisit son téléphone et pressa frénétiquement les touches. Pourquoi l'avait-elle laissé là ? Pourquoi était-elle descendue jusqu'au garage, au deuxième sous-sol, sans son téléphone portable – elle qui n'allait pas aux toilettes sans lui ?

Au bout de deux sonneries, la voix nonchalante d'Erika répondit :

– Salut vieille truie.

– Salut.

– Qu'est-ce qui se passe ?

Le Code voulait qu'à « Salut vieille truie » l'autre répondît « Salut grosse pouffe ». Stella avait enfreint le Code. L'heure était grave. Erika l'avait bien senti.

– Il faut que tu viennes tout de suite.

– Ch'peux pas, j'attends Machin.

Machin : nom propre masculin. Terme générique pour désigner le petit copain d'Erika actuellement en fonction. Erika consommait beaucoup de garçons ; Stella avait parfois du mal à suivre. L'appellation Machin lui épargnait d'apprendre trop souvent de nouveaux prénoms masculins qui se révélaient caducs au bout, parfois, de quelques heures d'utilisation.

– Débrouille-toi, répondit précipitamment Stella. Tu lui laisses un mot sur la porte, tu lui dis de nous rejoindre – d'ailleurs on aura besoin d'un hom... Enfin on aura besoin de bras, quoi.

La curiosité d'Erika était de plus en plus émoustillée. Il y avait quelque chose d'intéressant dans la voix de son amie. On percevait un peu la même excitation que quand il s'agissait de choisir entre deux paires de chaussures, et en même temps, il y avait autre chose, une nuance plus grave. Une véritable angoisse. Dès le début, elle avait décidé de voler au secours de Stella, mais elle n'allait pas lui faciliter la tâche pour autant.

– Je peux pas faire ça, dit-elle. Je lui ai déjà posé un lapin hier soir. C'est pas ce que tu crois. Avec lui, c'est du sérieux. Et d'ailleurs, hem... Faudrait qu'on en parle.

Stella leva les yeux au ciel. « Avec lui, c'est du sérieux. » Elle avait entendu la même phrase à propos de Luigi, Stefano, Raul, Paulo, Roberto, Enrico, Luigi 2, Paulo 2, re-Stefano...

– Erika, je suis ultra-sérieuse. C'est M. Strozzi, au cinquième.

– Qu'est-ce qu'il a ?

– J'ai pas le temps de t'expliquer. Il faut que tu me rejoignes au garage tout de suite. C'est grave, je crois que c'est... c'est...

Stella s'aperçut avec stupeur qu'elle était incapable de résumer la situation. La vraie situation de la vraie vie réelle ; ce qui était en train d'arriver maintenant, là, tout de suite. Dans leur immeuble.

Elle n'était pas compliquée, pourtant, la situation. Il y avait un mot tout simple, un mot du langage courant, qu'on entendait au moins cinq fois dans n'importe quel film, mais qu'on avait rarement l'occasion de placer dans une conversation normale des vraies gens.

– C'est un meurtre.

Il y eut un moment de silence.

– Tu délires ?

– Je te jure, sur la tête de mon petit frère. Erika, il faut que tu m'aides.

– Jure sur autre chose.

– Viens avec moi dans le parking, je vais tout te raconter.

– Pourquoi t'appelles pas la police ?

– Ils auraient pas le temps de venir, il faut qu'on se dépêche, Erika je t'en supplie...

Stella tressaillit. Une porte avait claqué à l'étage du dessus. Strozzi était ressorti. Pendant qu'elles papotaient toutes les deux, il avait remis ses bottes, ou n'importe quelle paire de chaussures, ou alors il était sorti en chaussettes, enfin bref : il était parti. L'ascenseur démarrait. Stella explosa :

– Écoute-moi bien, grosse vache : je suis en train de sauver la vie d'un homme, alors tu vas venir m'aider, sinon je raconte à tout le monde tes histoires de turpitudes sordides avec Leo Caravalla dans les vestiaires du club d'échecs, l'an dernier.

Elle raccrocha, assez fière de sa repartie. Elle pouvait compter sur Erika maintenant. Mais M. Strozzi avait pris de l'avance. Il avait trouvé ce qu'il cherchait dans le tiroir à couverts, et maintenant, il retournait au sous-sol.

Sans lâcher son téléphone, Stella courut dans la cuisine. Elle prit un couteau, mais dès qu'elle sentit le manche dans sa main, elle le jeta dans l'évier. L'espace d'un instant, elle s'était vue en train de s'en servir, vraiment. Elle n'était pas capable de faire une chose pareille. Il fallait pourtant qu'elle trouve quelque chose pour se défendre.

M. Strozzi était armé, lui, jusqu'aux dents. Stella prit un balai. Ça, c'était bien. Elle pourrait essayer de le frapper avec. En cas d'échec, elle essaierait de le maintenir à distance. Vivement qu'Erika la rejoigne ! Elle faisait du karaté, elle. Ou du tai-chi. Ou du yoga, enfin, un truc dans le genre : oriental et violent. Elle savait se défendre.

➔ 2

Stella était sortie de l'appartement. Cette fois, l'ascenseur s'était arrêté au rez-de-chaussée. Strozzi n'était pas redescendu au garage. Ou alors quelqu'un avait déjà pris l'ascenseur entre temps... Non, impossible. Stella appuya sur le bouton, les yeux fixés sur les chiffres lumineux. 2... 3... Ou alors il avait pris l'escalier, soit pour descendre au sous-sol, soit pour monter. 4... Et s'il lui tendait un piège ? S'il était resté dans l'ascenseur ?

Stella recula de deux pas, heurtant le mur des épaules. Les portes s'ouvraient. Stella sentait que ses jambes allaient la lâcher.

Non, elle était folle. L'ascenseur était vide. Bien sûr, évidemment. M. Strozzi était sorti tout naturellement, acheter son journal, prendre un café chez Toni. C'était un dimanche comme tous les dimanches, un dimanche normal. Et Strozzi était un voisin comme tous les autres. Normal. Stella se faisait des idées. Elle n'avait rien vu, tout à l'heure. Elle n'avait rien entendu. Dans le coffre.

La jeune fille entra dans la cabine et poussa le bouton. Elle serrait d'une main son téléphone, de l'autre son balai.

Arrivée au garage, elle se refusa d'allumer la lumière. Elle s'accroupit et marcha en canard derrière les voitures, en se guidant à la lueur de son portable. Elle avait bien fait de le prendre, décidément ; en revanche, son balai avait une fâcheuse tendance à heurter systématiquement le mur de ciment, ou les pare-chocs. Ça manquait de discrétion.

Elle était maintenant derrière le 4 x 4 de M. Strozzi. Elle posa son balai, tendit la main vers la poignée du coffre... et s'arrêta. Elle ne devait pas faire ça. Est-ce qu'elle était stupide ? Elle n'avait donc jamais vu de films ? Les empreintes, bon sang ! Elle posa son téléphone, et tira sur la manche de sa chemise pour s'en servir comme d'un chiffon. Voilà. Ça, c'était plus malin. Le coffre était verrouillé, évidemment. Stella toqua doucement contre la carrosserie.

– Monsieur Strozzi ? Vous êtes là ?

Stella avait peur de parler trop fort. Le son de sa voix lui faisait un drôle d'effet, au milieu du silence.

– T'as pas l'air con, comme ça.

Stella sursauta. Dans le même mouvement, elle tenta de se retourner en adoptant une attitude combative avec son balai, mais elle dérapa sur le ciment et atterrit sur les fesses. Au passage, elle reçut un coup violent sur la tempe. Elle s'était elle-même donné un coup avec son balai.

Stella leva les yeux. Erika la toisait d'un air consterné.

– De mieux en mieux... Stella, qu'est-ce que tu fais ?

Partagée entre deux envies – gifler son amie ou la couvrir de baisers –, la jeune fille se contenta de sourire.

– C'est pas compliqué.

Éclairée comme elle l'était, du sol, par la lumière blafarde de son téléphone, elle était franchement inquiétante.

De l'index, elle fit signe à Erika d'approcher. Celle-ci eut un léger mouvement de recul avant de réagir.

Stella la prit par le bras. Elle roula des yeux dans toutes les directions, et se pendit à la manche de son amie pour l'inviter à s'accroupir avec elle derrière le 4 x 4.

– Il y a quelqu'un là-dedans.

Stella parlait bas. Pour se faire comprendre, elle articulait exagérément.

– Dans le coffre. Dans le coffre de M. Strozzi. Il y a un homme, enfermé, blessé à mort.

Erika hochait la tête, incrédule. Stella poursuivit en accélérant le débit :

– Je l'ai entendu, tout à l'heure. Comme tous les samedis, les parents sont partis à la campagne, avec mes frangins. Moi, j'ai dit que j'allais rester ici pour réviser. Comme je savais pas à ce moment-là que mâdâme Erika avait un rendez-vous galant, je me disais qu'on allait se faire une bonne soirée entre amies : re-revoir *Maciste et les vampires de Mars* en bouffant des pizzas, comme il convient à des jeunes filles de notre condition. Mais si mâdâme a des rendez-vous...

Erika eut un geste de la main, qui pouvait se traduire par : « C'est bon, j'ai compris, enchaîne ». Stella continua :

– Je suis descendue au parking avec toute la famille pour aider ma mère à porter les sacs. Ils sont tous montés dans la voiture, et pendant qu'ils démarraient...

Stella s'interrompit.

– Quoi ?

Elle posa un doigt sur ses lèvres.

– Chut. Tu as rien entendu ?

– Non.

– C'est bien ce qui me semblait. Donc : pendant qu'ils démarraient, il s'est passé un truc bizarre. M. Strozzi est entré dans le garage, avec son 4 x 4...

Stella fit un clin d'œil, Erika hocha la tête en réponse. M. Strozzi était un mythe dans l'immeuble. À lui tout seul, il occupait deux pages entières dans le Code.

Tous les samedis, en début d'après-midi, M. Strozzi rentrait d'on ne savait où. Il portait un treillis militaire, une gibecière, des bottes ; il était souvent taché de boue, et il avait avec lui une housse en cuir noir, allongée, qui pouvait parfaitement contenir un fusil. Tous les locataires en avaient conclu que, le samedi, M. Strozzi allait chasser. Sauf qu'il ne ramenait jamais rien. Du coup, les deux amies s'étaient perdues en conjectures. C'était devenu une de leurs activités préférées du samedi soir, quand les parents de Stella étaient à la campagne et qu'elles dormaient toutes les deux chez elle, après avoir consommé de la nourriture bas de gamme en regardant des films d'horreur de série B.

M. Strozzi était un chef de la Mafia. M. Strozzi avait un camp fortifié, dans la forêt, où il entraînait une milice terroriste. M. Strozzi était agent secret. M. Strozzi venait d'une autre planète. Il pratiquait la magie noire, il était scientologue, il travaillait pour le Vatican...

Bref, M. Strozzi était un sujet de conversation.

– Il est entré dans le garage, avec son 4 x 4, mais cette fois, il n'est pas descendu. Je le regardais du coin de l'œil, pendant que papa manœuvrait pour sortir. Pendant tout ce temps, M. Strozzi est resté assis à son volant. Il faisait semblant, des fois, de fouiller dans la boîte à gants, ou de triturer ses points noirs en se regardant dans le rétroviseur, mais j'ai bien vu que c'était pour meubler.

Je me suis planquée dans un coin, et je l'ai observé. J'avais un pressentiment, je me disais qu'il y avait quelque chose de louche, que quelqu'un dans cet immeuble allait enfin connaître le secret de M. Strozzi, et que ça allait être moi. Donc, bref. Mes parents sont partis, et Strozzi a encore attendu, au moins cinq minutes, sans bouger. Il était là, à l'avant de son 4 x 4, et des fois, il regardait vers l'arrière, mais dans l'ensemble il bougeait presque pas. Et puis il est sorti. Il avait pas son fusil dans sa housse, cette fois. Il l'avait à la main, la housse en bandoulière. Et je peux te dire que c'est pas un petit fusil. Ma vieille, un gros truc comme ça, avec deux canons, ça sert au moins à tuer des éléphants...

– Depuis quand tu t'y connais en fusils de chasse ?

– Laisse tomber. Je sais que t'es jalouse parce que je suis la prem's à avoir vu en premier pour la première fois le fusil de chasse de M. Strozzi.

– T'es pathétique, je m'en fous complètement. La suite. Raconte la suite.

– Oui, donc. Strozzi sort de sa voiture, bon. Il a son fusil à la main. Il fait le tour de sa bagnole, il ouvre le coffre, mais comme ça, tu vois, d'une seule main...

Stella mimait la scène : le balai dans une main, qu'elle pointait vers le coffre, tandis qu'elle tendait l'autre vers la poignée, en tremblant exagérément.

– Il a ouvert son coffre, et il a sauté en arrière. Dans le même temps, il y a eu un gros bruit à l'intérieur, tu vois, comme...

comme un homme, ligoté, qui essaie de s'en sortir, et il y a eu un cri, un cri de douleur, inhumain. Strozzi a agrippé le coffre, et il l'a refermé d'un coup sec.

Stella se tut. Erika la poussa du coude :

– Et alors, la suite ?

– Alors rien, quand j'ai vu ça, je suis partie.

– Comment ça, t'es partie ?

– Ben oui, je me suis tirée en courant, et voilà. Je suis rentrée chez moi, pour chercher du renfort, et... et voilà.

– Attends, attends, quand tu dis du renfort, c'est qui ?

– Ben, toi.

– D'accord, on est dans la merde. Il est où, Strozzi ?

– Je sais pas, au café, je crois. Il est rentré chez lui, je l'ai entendu. Il est allé fouiller dans la cuisine, et il est reparti. Il s'est arrêté au rez-de-chaussée.

– T'es folle, il est pas allé au café. Il est allé s'acheter une scie à métaux, des sacs en plastique et de la soude caustique, pour découper le corps et le faire disparaître, comme dans *Pusher 2*.

Stella hocha la tête. Erika avait sûrement raison.

– Bon alors, qu'est-ce qu'on fait ?

– Ça veut dire que la victime de Strozzi est encore dans le coffre...

Stella tendit la main vers la voiture. Erika l'arrêta.

– Attends, qu'est-ce qui te dit que c'est un homme ?

– C'est forcément un homme. C'est l'amant de sa femme, sinon pourquoi il aurait essayé de le tuer ?

– Exact.

– C'est sûrement un beau mâle bien musclé, mais compréhensif. Viril et tendre en même temps. Un aristocrate norvégien, agent secret pour la cause du féminisme international.

– Attends... Un beau mâle, l'amant de madame Strozzi ?

– T'as aucune poésie, ma pauvre fille. Il faut forcément qu'il soit beau et craquant, sinon, comment exciter la jalousie de M. Strozzi au point d'accomplir un meurtre ?

Erika resta muette. Stella s'aperçut qu'elle employait pour la deuxième fois le mot « meurtre » dans un temps très court. Elle s'y faisait. C'était même devenu agréable, maintenant.

→ 3

Les deux amies se regardaient dans les yeux, interdites. Il fallait ouvrir ce coffre, c'était certain. Le prince charmant en personne était en train d'agoniser là-dedans, il fallait le secourir. Puis le front d'Erika se plissa. Elle fit la moue.

– Tu trouves pas que ça sent bizarre ?

– Chut ! T'as entendu, cette fois ?

Erika acquiesça, les lèvres entrouvertes. Si, cette fois, elle avait entendu. Un son ténu, un soupir. Le prince charmant gémissait.

Dans le même temps, un autre son se fit entendre, au fond du parking. La porte de l'ascenseur grinçait. Instinctivement, les deux jeunes filles rentrèrent la tête dans les épaules et se plaquèrent contre le mur de ciment.

Quelqu'un était entré, on entendait ses pas sur la dalle. Pourtant, l'éclairage du parking était resté éteint. Le faisceau d'une lampe torche apparut. Les deux jeunes filles quittèrent leur poste ; elles se réfugièrent quelques mètres plus loin, derrière la Simca verte de l'expert-comptable du septième étage.

Elles échangèrent un regard. Pour une fois, elles avaient fait preuve d'une discrétion exemplaire. Elles s'étaient déplacées sans se concerter, dans un mouvement rapide et silencieux. Stella n'avait rien heurté avec son balai. Elle referma son téléphone sans bruit. Les deux filles étaient dans le noir, maintenant. Déjà qu'elles devaient éviter de se parler, maintenant elles ne pouvaient même plus communiquer par gestes. L'angoisse était totale.

M. Strozzi s'arrêta devant son 4 x 4. Il avait échangé ses bottes contre des mocassins, qui juraient un peu avec sa tenue de chasse.

Il tenait à la main un objet métallique, que Stella eut du mal à reconnaître au début. Puis, en regardant autour de lui, l'homme pivota, et un instant, elle eut l'occasion de voir l'objet au bout de son bras, dans le faisceau de sa lampe. Ce qu'il était allé chercher à la cuisine et qu'il n'avait pas trouvé. Ce qu'il était allé chercher dehors, et qu'il ramenait maintenant. Comme un couteau, mais en pire.

Un hachoir à viande.

M. Strozzi s'assura qu'il était bien seul dans le parking, puis il tira un petit objet de sa poche et le pointa vers sa voiture. On entendit un couinement synthétique, sur deux notes, comme un jappement de chien. Les warnings firent leur petit numéro, et les serrures s'ouvrirent. À partir de ce moment, la situation dégénéra à une vitesse phénoménale.

L'homme rangea ses clés de voiture dans la poche de sa veste et s'approcha du coffre. Il brandissait maintenant le hachoir au niveau de sa tête. Il tenait sa lampe de poche entre les dents, pour avoir les mains libres.

– Non ! hurla Stella en se redressant, ne faites pas ça !

Le coffre s'ouvrait. Surpris, l'homme pivota ; Stella plissa les yeux, éblouie par la lampe. Puis quelque chose de dur heurta plusieurs fois la carrosserie du 4 x 4, un hurlement sortit du coffre, et M. Strozzi tomba en arrière. La lampe s'éteignit.

→ 4

L'homme gémissait. Apparemment, il s'était fait mal. Quelque chose se déplaçait dans l'ombre, au ras du sol. C'était sorti du coffre de M. Strozzi, mais ce n'était pas un prince charmant. C'était massif et trapu, ça se déplaçait au ras du sol en éructant. En effet, il y avait une odeur...

Stella ralluma son téléphone portable ; elle avança entre les deux voitures, les jambes tremblantes. La chose venait de passer devant elle, elle se trouvait maintenant à sa droite, vers la sortie du garage. Entre les grognements bizarres, on entendait parfois des impacts, comme des coups de masse sur de la tôle.

Stella sortit de sa cachette et voulut braquer son téléphone vers le monstre. Mais une main ferme se referma sur son poignet. M. Strozzi. Il serrait fort, il lui faisait mal.

– Ne fais pas ça, imbécile !

– Aïe, lâchez-moi !

– Lâchez-la, lâchez-la ! criait Erika en martelant les épaules de Strozzi.

Stella laissa tomber son téléphone. Puis elle s'envola. Durant quelques secondes désagréables, elle se trouva en suspension dans le vide et la nuit, puis elle s'écrasa sur le capot de la Simca, bientôt rejointe par son amie.

– Ne bougez pas, restez là !

Strozzi s'était placé au milieu de l'allée, il tenait son hachoir à deux mains. La chose courait vers lui. On aurait dit un rat énorme, gros comme un cochon. Au moment où la chose l'atteignait, l'homme tourna sur lui-même, et le hachoir siffla dans l'air. Il avait esquivé le monstre, et tenté de le frapper. Mais la bête continuait sa course jusqu'au bout de l'allée, vers la porte qui donnait sur la cage d'ascenseur. Elle stoppa, zigzagua en continuant de pousser des grognements, puis fit demi-tour et se remit à charger.

– Je sais ce que c'est, dit Erika.

La chose fonçait à nouveau sur Strozzi, qui avait eu à peine le temps de se remettre d'aplomb.

– C'est un sanglier.

M. Strozzi poussa un cri d'angoisse, et s'envola à son tour. Il atterrit sur le capot de la voiture garée en face de la Simca, une Ford bleu pâle – celle du couple d'instituteurs sans enfants du troisième.

M. Strozzi avait eu sa dose d'héroïsme. Il grimpa du capot sur le toit de la Ford, et s'assit.

Le sanglier, le monstre, le rat géant, enfin la chose continuait de crapahuter dans le garage en poussant des cris grotesques mais inquiétants.

– Qu'est-ce qu'on fait ? demanda Stella.

Silence. Erika se rongeait les ongles.

– Oh, je t'ai posé une question : qu'est-ce qu'on fait ?

– Il faut que je te dise un truc. À propos de Machin...

– Tu crois vraiment que c'est le moment ?

– Ben oui. Quand tu m'as demandé de lui laisser un mot, ben... Je l'ai fait. Du coup, il va pas tarder à venir. Avant qu'il arrive, il faut que je te parle d'un truc...

→ 5

À cet instant, la porte du fond s'ouvrit. Une silhouette se découpait dans le cadre. Stella tressaillit.

– T'es vraiment qu'une morue, dit-elle avant de glisser du capot de la Simca sur le sol.

Stella courut vers le gringalet qui venait d'apparaître, en criant :

– Marcello !

Pour une fois, elle n'avait pas d'effort de mémoire à faire.

– Marcello, tire-toi !

Le garçon restait immobile. Il était loin au bout du garage, terriblement loin. Stella courait de toutes ses forces ; dans son dos, elle entendait le râle de la bête, énorme, monstrueux. Et ses pattes qui frappaient le sol, qui s'approchaient.

Elle atteignit la porte, à bout de souffle. Elle heurta le jeune garçon, mais réussit à rester en équilibre sur ses jambes. Marcello chancela. Stella pivota pour faire face au monstre. Il était là, juste là. Elle le voyait pour la première fois. Il avait le groin en sang. Autour de sa gueule, une écume de bave. Stella saisit la porte et la referma à la volée, puis elle se plaqua contre la cloison.

Un quart de seconde plus tard, il y eut un choc terrible. Le bas de la porte éclata, projetant des éclats de bois en l'air. L'animal était pris. Il continuait de pousser des grognements, il essayait de s'échapper, mais la porte – ou ce qu'il en restait – l'empêchait de se redresser. Apparemment, le sanglier ne maîtrisait pas la marche arrière.

Au-delà de la porte, on entendit, crescendo, un hurlement sauvage. Et des pas, qui s'approchaient. Des mocassins. M. Strozzi chargeait. Il y eut un autre bruit, quelque chose de dur dans quelque chose de mou. Et le sanglier s'immobilisa. Le bruit se répéta à plusieurs reprises de l'autre côté de la porte. Bientôt, une flaque de sang apparut.

Stella releva la tête et croisa le regard de Marcello. Elle vit aussitôt, dans ses grands yeux inquiets, tout ce qui l'avait séduite depuis la première année de primaire qu'ils avaient suivie ensemble. Cette même expression de consternation incrédule face à la brutalité du monde.

N'écoutant que son instinct, elle s'approcha du jeune garçon, saisit son visage entre ses mains.

– Tu vas bien, Marcello ?

Le jeune homme hochait la tête, visiblement choqué. Puis il saisit les mains de la jeune fille, les embrassa l'une après l'autre, et dit :

– Stella, tu m'as sauvé la vie.

La jeune fille rougit, des orteils à la racine des cheveux.

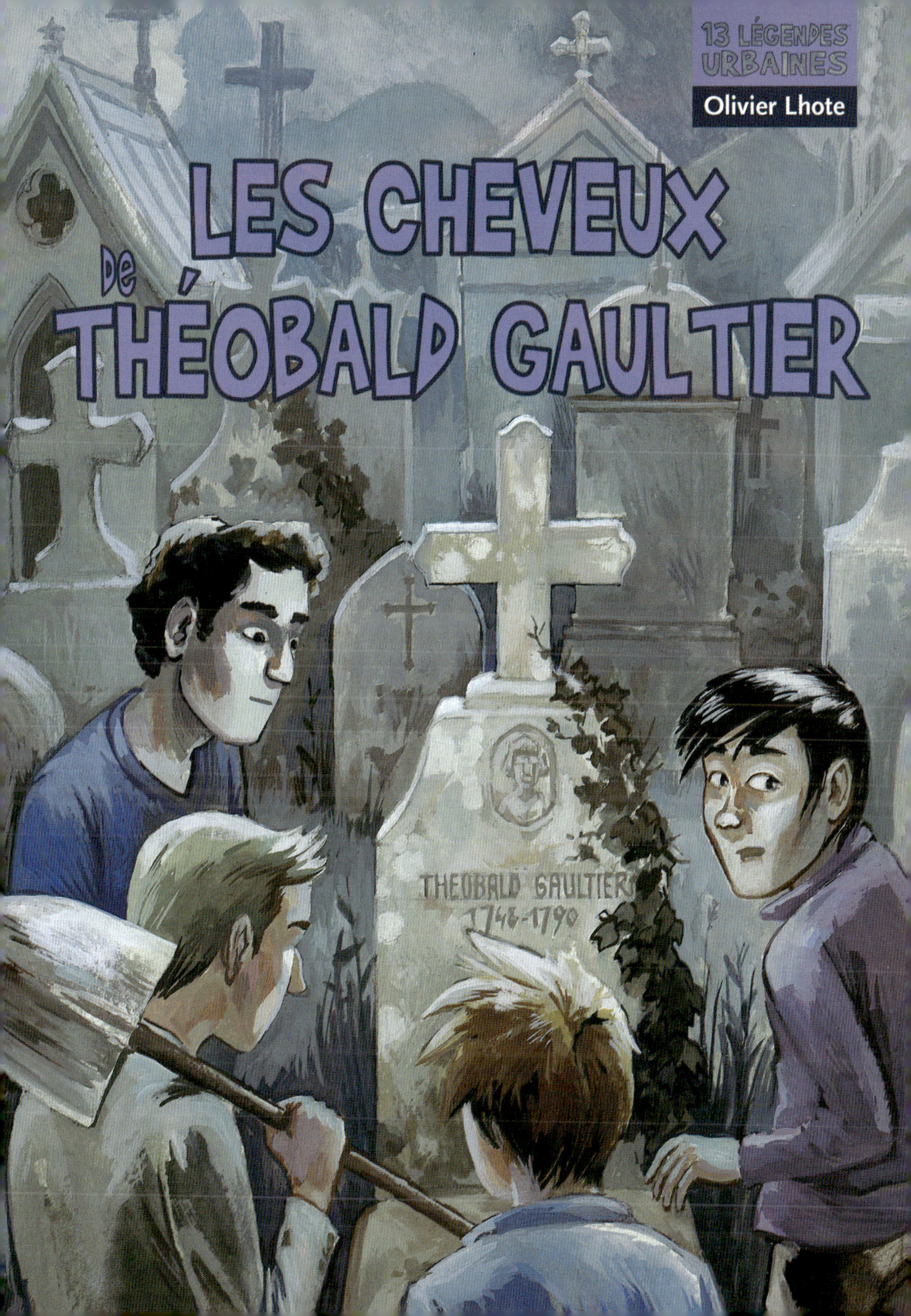
13 LÉGENDES URBAINES
Olivier Lhote
LES CHEVEUX DE THÉOBALD GAULTIER
THEOBALD GAULTIER
1748-1790

On dit que nos cheveux et nos ongles continuent de pousser après notre mort, et ce pendant longtemps.

LES CHEVEUX DE THÉOBALD GAULTIER

→ 1

J'en viens maintenant à penser que dans la vie, il est des questions qu'il vaut mieux ne jamais se poser, des coins de tapis qu'il ne faut pas soulever, des vérités qu'il ne faut en aucun cas chercher à connaître. Avec les années, je ne distingue plus le vrai du faux dans cette histoire. Nous étions jeunes, avides d'aventures et de révolutions, et je ne sais pas jusqu'où notre imagination a pu nous entraîner. Il faudrait que je retourne à Saint-Vincent, mais j'ai trop peur. Même adulte, je tremble. J'appréhende la rencontre. Et si Théobald Gaultier vivait encore ? Presque trente ans après ma fugue, je redoute d'y mettre les pieds.

→ 2

Le pensionnat Saint-Vincent a fermé ses portes il y a une vingtaine d'années. J'ai lu une brève à ce sujet, un encart où l'on brossait rapidement l'historique de l'établissement. Mais pas une ligne ne disait vrai. Pour connaître l'internat, il fallait y avoir séjourné.

Saint-Vincent : dernière étape avant la prison ; purgatoire avant l'enfer. Cet internat était l'ultime chance de devenir quelqu'un de bien. Pour les parents, la dernière carte à jouer pour sauver leur rejeton devenu voyou. Quand on échouait à Saint-Vincent, c'était pour réussir, pour redresser la barre ou alors il fallait se préparer à finir sa vie derrière des barreaux. L'ancien monastère s'accrochait au flanc de la montagne comme ses pensionnaires à ce qui leur restait d'espoir, et tous partageaient le même objectif : ne pas dévisser, ne pas tomber, ne pas s'écraser.

Je me souviens qu'à mon arrivée, mon corps entier s'était serré : ma gorge pour ne pas pleurer et mon ventre pour ne pas me faire dessus. Moi, la petite frappe de la capitale, j'avais eu les foies. J'étais descendu de voiture, je m'étais emparé de ma valise et avais embrassé mon père. Il m'avait regardé longuement et j'avais lu dans ses yeux quelque chose comme : « Je suis désolé, Franck... J'ai plus de peine que toi encore, mais tu es pour beaucoup dans cette décision... ».

Ensuite, on s'était serré dans les bras l'un de l'autre, puis séparé, dignes et droits, comme des soldats. Je n'avais que treize ans. Évidemment que j'y étais pour beaucoup. Je me savais responsable de tout, à commencer par mon malheur d'être ici.

Le surveillant général, que les anciens surnommaient Morvan, nous avait accueillis dans la cour principale. Notre promotion comptait quatre-vingt-dix têtes, ordonnées en trois groupes de trente. Le type nous avait mis au garde-à-vous, valise à main droite et main gauche collée au pantalon. Nous avions tous compris « prenez garde à vous » et nous avions raison. Le « surge » passa en revue ses nouvelles recrues : une bande de voleurs, racketteurs, bagarreurs, comme il disait, mais qui n'allaient pas tarder à rentrer dans le rang et marcher au pas. Il en avait dressé plus d'un et des plus costauds que nous. Drôle de personnage que ce Morvan, qui portait des cheveux blancs longs et filasses. Bien sûr, les années 70 et la mode des hippies y étaient pour beaucoup, mais dans un établissement disciplinaire, son allure surprenait. Et puis surtout, Morvan n'avait pas vingt ans. Son visage creusé, sa peau parcheminée et ses yeux d'un gris délavé le rapprochaient plus des quatre-vingts balais que de la vingtaine. J'allais passer trois ans sous la férule de ce drôle de maton.

Deux ans s'étaient écoulés à Saint-Vincent. Plus de sept cents jours de brimades, coups de bâton et punitions diverses, qui n'avaient toujours pas fait de moi un ange. Je continuais de voler dans les placards et d'arranger mes affaires en piquant le menton des gars de mes droites ajustées et mes crochets à la volée. Je vissais mes directs comme personne. Mais je dois bien reconnaître que le pensionnat avait fait naître en moi le sens de l'amitié. Nous étions quatre, aussi vifs, imprévisibles et soudés que le feu, l'air, l'eau et la terre. La bande des quatre éléments se retrouvait chaque nuit dans les combles obscurs, les salles cachées, les cryptes énigmatiques ou les profonds souterrains. Le monastère n'avait pas de secrets pour nous. Dans ces endroits méconnus des autres élèves, nous revisitions les grands mystères du monde...

C'est ainsi qu'a débuté, dans la nuit du 22 au 23 avril 1973, notre chasse à la vérité. Xavier, le plus grand d'entre nous, était adossé à un pilier, lorsque j'ai mis les pieds dans le caveau. Il lisait.

– Qu'est-ce que tu lis ? ai-je questionné en tendant la main.

– Salut, Franck. Assieds-toi. Ma mère m'a envoyé un livre pour mon anniversaire.

– Ça parle de quoi ?

– Un homme prétend que les ongles et les cheveux continuent de pousser après la mort. Il raconte qu'il vit entouré de cadavres et qu'il mesure chaque jour la poussée de la corne.

– C'est à vomir, ton truc ! a balancé Num qui venait de nous rejoindre.

Num était un enfant réfugié du Vietnam. Il n'avait pas de nom, juste un numéro. L'administration l'avait rebaptisé Paul, mais lui préférait qu'on l'appelle Num, en souvenir de numéro. Un officier de l'armée française l'avait récupéré et l'avait inscrit à Saint-Vincent pour assurer son éducation. Xavier a continué de nous raconter son livre. Et Adrien est entré dans la crypte à son tour.

Les éléments étaient rassemblés, nous allions commencer notre réunion. Il y avait Xavier, le plus grand, je vous l'ai dit. Un gars rassurant comme la terre mais dont on craignait les séismes. Adrien, c'était le feu. Le genre de garçon qui s'enflammait pour un rien, à une vitesse surprenante. Num était comme l'eau. Je veux dire, calme, le filet d'eau qui se glisse partout sans bruit, mais qui finit par vous emporter. Et puis il y avait moi : l'air. La tête dans les nuages, loin des casse-pieds, mais attention, j'avais une droite, c'était la foudre, la colère du ciel. Et les boxeurs que j'avais rencontrés quand j'avais douze ans s'en souviennent encore, je suis sûr. J'en avais quinze alors. On avait tous quinze ans et on refaisait le monde dans les caveaux du monastère.

La lecture de Xavier nous fascinait. Il ne s'agissait pas d'un roman. La couverture présentait l'histoire comme vécue. Nous imaginions l'auteur habitant dans un coin reculé du monde, un manoir entièrement dédié à ses expériences macabres. Comment vivait-il ? Portait-il une blouse de chercheur et des lunettes rondes ? Dînait-il au milieu de ses « invités » silencieux ?

– Ce professeur fou me colle la chair de poule, a laissé échapper Num.

– Moi, j'adore l'idée, a répondu Adrien. Je me demande si c'est vrai, surtout.

– Tu parles de l'écrivain ? ai-je demandé.

– Non, lui, il existe, c'est sûr. Je voudrais savoir s'il a vraiment mesuré les ongles des morts. J'ai jamais entendu parler de ce genre de truc. Je donnerais cher pour vérifier que les cadavres ont vraiment des ongles de cinquante centimètres.

Il y a eu un blanc. La question d'Adrien avait dû résonner sous le caveau et dans nos têtes.

– Vous n'êtes pas sérieux ? a lancé Num qui semblait deviner nos pensées.

– Pourquoi pas ? ai-je dit.

– On parle bien de la même chose ?

– Oui, ai-je rajouté. Qu'est-ce qui nous empêche de vérifier que le bonhomme n'a pas écrit n'importe quoi ? On a le choix ici, non ? Le monastère est truffé de caveaux et de tombes. Et à deux pas d'ici, il y a le cimetière du couvent. Il nous suffit de nous y rendre, de piquer une pelle dans la cabane du croque-mort, soulever une pierre tombale, ouvrir un cercueil et offrir une manucure au premier squelette trouvé.

Xavier a éclaté de rire avant de lâcher un « vendu ! »

– On fait ça quand ? a demandé Adrien.

– Maintenant ! ai-je proposé.

On s'est rapproché pour sceller l'entente. Num tordait la bouche dans une moue critique, mais il a signé le pacte tout de même. On s'est tapé dans la main comme des maquignons et on a désigné le cimetière pour terrain des opérations.

Nous n'étions pas forcément rassurés mais, après tout, on était à Saint-Vincent parce qu'on était des durs. Les vivants pouvaient en témoigner et les morts allaient l'apprendre.

→ 3

De la crypte, pour rejoindre le cimetière, nous devions longer une interminable galerie au plafond bas. Les pierres suintaient au-dessus de nos têtes et les dalles de grès, terriblement glissantes, ralentissaient notre progression. Par endroits, le couloir se rétrécissait, la voûte s'abaissait et nous obligeait à ramper sur une dizaine de mètres. Nous glissions sans bruit sur le sol froid et la mousse humide. Notre silence trahissait notre anxiété. Aucun de nous n'osait plus plaisanter et nous ne laissions échapper que des gémissements d'efforts. Le boyau a débouché enfin sur l'extérieur et plus exactement sur un étroit sentier à flanc de falaise. Nous avons plongé dans la nuit fraîche et, sous un ciel sans étoiles, nous avons parcouru les derniers mètres qui nous séparaient des tombes.

Un mur entourait le cimetière et une grille à la ferraille torturée en condamnait l'entrée. Nous avons pris le parti d'enjamber les pierres et, après un saut alerte, nous nous sommes avancés dans l'allée principale, courbés pour ne pas nous faire remarquer. Mais en réalité, l'endroit était désert et Morvan devait dormir à cette heure. Même s'il arrivait à notre gardien de se lever dans la nuit et d'opérer une ronde, c'était plutôt en direction des dortoirs.

– C'est pas joyeux, ici, a chuchoté Adrien.

– C'est le moins qu'on puisse dire, a répondu Xavier à mi-voix.

Ils avaient raison. Les arbres eux-mêmes semblaient tourmentés. Ils tordaient leur tronc et leurs branches comme si la vie les avait suppliciés, comme si la vision de tous ces enterrements leur avait été insoutenable.

– Vous êtes sûrs de vouloir continuer ? a interrogé Num, qui doutait de plus en plus du bien-fondé de notre investigation.

– Bon, t'as peur ou quoi ? a explosé Xavier à voix basse.

– Non, mais quand même, ça craint un peu de déranger les morts.

– Oh, c'est bon ! ils dorment. En plus, on vient leur offrir une coupe de cheveux. Ils vont pas se plaindre, non ? Tu sais combien ça coûte, une coupe ? Ils ont pas un sou, et nous, on rase gratis.

Je me suis mis à ricaner, par secousses nerveuses. Mais je savais au fond de moi que j'expulsais la peur de cette façon. La cabane du fossoyeur a refusé tout d'abord de s'ouvrir et nous avons dû nous aider d'un bâton pour faire céder la porte. La manœuvre ne s'est pas faite sans bruit et on a redouté un instant de donner l'alerte.

– Planquez-vous, les gars, a conseillé Xavier, on ne sait jamais.

Évidemment, la porte n'a pas pu s'empêcher de gémir, ce qui a ajouté au stress général. Les petites frappes que nous étions ou que nous pensions être n'en menaient pas large. La lune, trop claire à mon goût, projetait des ombres sur le sol et les nuages passant se chargeaient de les animer. Non, vraiment, nous n'étions pas rassurés. Nous sommes ressortis de la baraque, pelle en main et toujours penchés vers l'avant pour échapper à une hypothétique surveillance.

– On prend laquelle, ai-je demandé ?

– J'en sais rien, moi, a répondu Adrien.

– Choisis un nom qui te plaît, a proposé Xavier.

Num qui restait silencieux s'est arrêté devant une tombe.

– Comment il s'appelle, celui-là ? ai-je questionné.

– Gaultier. Théobald Gaultier. Il n'est pas tout jeune. Il est mort en 1790.

– Un an après la Révolution, a ajouté Xavier, songeur.

– Adjugé ! ai-je conclu. On choisit celui-là.

C'était un viol. Nous avions vraiment le sentiment de commettre le pire des crimes, de rentrer dans la vie privée d'un mort. La pierre tombale de Gaultier donnait l'impression de nous regarder et même de nous reprocher nos actes. Xavier et moi avons commencé de creuser. Je priais dans ma tête : « Désolé, Théobald. Pardonne-moi. Je veux pas te réveiller ni même t'embêter. Mais tu comprends, on veut juste savoir un ou deux trucs, ensuite on referme ta chambre et on te laisse te reposer ».

– Qu'est-ce que tu marmonnes ? s'est étonné Xavier.

– Rien, rien.

– Bon creuse alors. On va pas rester là cent ans.

Je sentais bien que Xav paniquait lui aussi. J'ai redoublé de vitesse et de force. Les deux autres surveillaient les alentours. Et d'un coup ma pelle a rencontré le dur. Un bois encore solide quoique vermoulu par endroits : le cercueil.

– Bon sang, on y est, a échappé Xavier. À vous d'ouvrir, les potes, moi j'ai creusé.

J'ai passé mon outil à Adrien, moi aussi, et je suis sorti du trou. Nos visages blêmissaient et le reflet de la lune ajoutait à la pâleur de nos traits. Nous étions sur le point de connaître la vérité. La peur nous gelait les os, mais l'excitation de découvrir un grand secret nous réchauffait un peu. C'est Num qui s'y est collé le premier, peut-être pour conjurer sa trouille. Il a planté la pointe de la pelle sous le couvercle et commencé de jouer pour l'enfiler un peu plus loin. Je tremblais de la nuque aux genoux. J'ai vu le métal disparaître sous le bois et Num a fait levier.

– Au fait, ai-je murmuré, on n'a pas de lampe.

– Avec la lune, ça suffira, m'a assuré Xavier.

Nous nous sommes agenouillés sur la terre humide et nous nous sommes penchés...

→ 4

À partir de ce moment-là, tout s'est déroulé très rapidement. Adrien, qui était en retrait, a donné l'alerte.

– On se sauve ! a-t-il hurlé, comme si sa vie en dépendait.

Nous nous sommes redressés comme un seul homme et nous avons pris nos jambes à notre cou. Num a bondi hors du trou :

– Mais qu'est-ce qui se passe ? Qu'est-ce qu'il y a ?

Il nous a rattrapés et nous avons couru comme des dératés vers la grille du cimetière.

– Un zombie ! a lâché Adrien essoufflé, je vous jure, il y a un zombie.

Rien qu'au mot, on a redoublé de vitesse, et sans nous retourner. Mais arrivé au portail de fer, on a jeté un œil en arrière. À cinquante mètres, une silhouette titubait dans notre direction.

– Ouvre cette grille ! a hurlé Xavier à Adrien.

Mais notre copain restait paralysé. Je ne sais pas pourquoi nous n'avons pas eu le bon réflexe de sauter le mur. Nous sommes partis dans l'autre sens et nous avons remonté la file des tombes. À l'autre bout et à l'opposé du grand chêne, un caveau surplombait le cimetière. Nous nous sommes planqués derrière.

– C'est nul, s'est énervé Num, pourquoi on n'a pas sauté ? On est coincé là maintenant.

– T'as eu l'idée, toi ? a accusé Xavier.

– Pas la peine de se disputer. On va s'en sortir.

J'essayais de calmer tout le monde mais je n'étais pas plus fier que le reste du groupe. La bande des quatre éléments avait belle allure. Elle partait en déconfiture. Et pendant ce temps, la forme humaine marchait sur nous, à son allure mécanique et pourtant menaçante, car elle semblait accélérer.

– Hey ! les gars, a explosé Xavier, regardez, le cadavre a les cheveux longs !

– On s'en fiche. On va mourir et toi tu t'occupes de la tignasse d'un zombie.

– Mais quoi, c'est ce qu'on voulait savoir, non ?

– Arrêtez tout ! Faut trouver une solution pour sortir, me suis-je interposé.

– T'as qu'à faire diversion et nous, on se faufile, a proposé Adrien.

Je n'avais pas le choix. Je pouvais refuser, râler. Mais il fallait vraiment sauver notre peau. J'ai accepté.

– À trois, je cours et j'attire le cadavre. Vous, vous partez en direction du mur et, cette fois, vous l'enjambez.

– Tu peux compter sur nous, a promis Xavier. Merci, t'es un véritable ami !

– De rien. Mais quand même, attendez-moi à l'entrée du souterrain.

– O.K., rendez-vous à l'entrée de la galerie.

Je me suis levé et j'ai regardé le ciel pour lui demander de me venir en aide. Ensuite, j'ai relevé mes manches et j'ai compté jusqu'à trois. Je suis parti comme une bombe. Je me suis mis à gesticuler à dix mètres du macchabée. Des nuages ont glissé sur la lune et le jardin mortuaire a été plongé dans l'obscurité presque totale. C'était mieux ainsi. Découvrir un visage bouffé par la vermine m'aurait glacé le sang et m'aurait peut-être cloué sur place. Pour le reste, il ne faisait aucun doute que le mort avait les cheveux longs. Mais restait à savoir si on l'avait enterré comme ça, ou si sa chevelure avait poussé. Les copains venaient de passer au loin et je n'avais pas le temps de me poser mille questions. Le zombie courait presque maintenant et se rapprochait dangereusement. Le moment de décamper était arrivé. J'ai cessé de m'agiter comme un pantin et j'ai piqué un sprint dans la direction opposée. La peur me donnait des ailes et je me suis vu enjamber les tombes et les feux follets sans hésiter une seconde. Puis j'ai sauté le mur qui encerclait le cimetière et couru vers le monastère, rejoindre la bande. Nous étions saufs.

→ 5

Le lendemain nous a réservé son lot de surprises et d'interrogations. La peur dépassée et presque oubliée, nous avions retrouvé notre profil de durs à cuire et nous marchions comme des soldats victorieux de retour du front. Nous avions tutoyé le danger et même la mort. Pour autant, les mêmes interrogations nous taraudaient l'esprit. Les cheveux poussaient-ils après la mort, ainsi que les ongles ?

– On n'a pas la réponse, les gars, concluait Xavier, et on ne l'aura jamais.

– M'ouais. On ne sait même pas si les zombies existent, ai-je ajouté.

– Comment ça ? s'est étonné Adrien.

Je suis resté muet un court moment puis j'ai désigné Morvan du menton. Il marchait à l'autre bout de la cour où nous faisions la pause.

– C'est dingue... Ça alors... a soupiré Xavier.

– T'as raison, a lâché Num.

Nous étions obligés d'en convenir. Morvan, notre surveillant en chef, traînait la jambe comme notre macchabée de la veille. Et la ressemblance était troublante.

– Il était là-bas, hier ? m'a questionné Num.

– Je n'en sais rien. Mais si on est un peu rationnel, c'est ce qui est le plus probable.

– On a eu la frousse de Morvan, alors...

Nous étions songeurs et les soupçons disparaissaient peu à peu. Cela n'a bientôt plus fait aucun doute. Le maton avait dû nous entendre quitter l'établissement et nous avait suivis jusqu'au cimetière. Sur le chemin, il avait dû glisser, tomber, se blesser au point de claudiquer comme une momie. Au final, nous avons éclaté de rire en imaginant Morvan se casser la figure. Nous avait-il reconnus ? Allait-il chercher à nous le faire payer ? L'avenir nous le dirait. À parler de tout et de rien, nous avons fini par évoquer la tombe de Théobald Gaultier.

– Bon alors, si c'est Morvan qui montait la garde hier, on ne sait rien de la coupe de cheveux des morts, a lancé Adrien.

– Faut demander à Num. C'est lui qui a regardé dans le cercueil, ai-je dit.

– Tu as eu le temps de voir quelque chose ? a questionné Xavier.

– Ouais. Mais vous allez être déçu. Le cercueil était vide.

– Tu es sûr de ton coup ? ai-je insisté.

– Oui, je peux te jurer qu'il n'y avait rien. Pas un os, pas un bout de tissu. Rien de rien.

– Mais c'est bizarre comme truc, s'est étonné Adrien.

– Pas tant que ça, a rassuré Xavier. Tu sais, le bonhomme est mort à l'époque de la Révolution française. Si ça se trouve, on a volé son cadavre, on l'a déterré. Ou bien je ne sais trop quoi. C'était peut-être un dissident, un royaliste. J'en sais rien.

– Ouais, c'est vrai, on ne sait pas qui il était. Et si on faisait des recherches ?

– Bonne idée, Franck, m'a félicité Num. Ça prolongera notre enquête. Parce que je dois dire qu'elle a un peu tourné court.

Et nous étions repartis de plus belle dans notre investigation. Théobald Gaultier nous donnait une occasion de plus d'aller braver le danger. Internet n'existait pas à l'époque et nous espérions trouver des documents, des preuves, des traces dans l'immense bibliothèque du monastère. Cette grande salle interdite aux pensionnaires...

➔ 6

Nous avons dû laisser passer du temps, beaucoup de temps, avant d'entreprendre la visite secrète du lieu. Et pour cause, Morvan nous avait à l'œil. Nous savions maintenant que la suspicion pesait sur nos têtes. Le surveillant nous guettait dans nos faits et gestes. Il avait des soupçons mais cherchait le flagrant délit pour mieux nous faire payer notre impertinence.

Un soir pourtant, nous avons décidé de passer à l'action. Morvan avait passé la journée à renifler, se moucher. Bref, il semblait mal en point et tout laissait penser qu'un bon rhume allait le clouer au lit.

– C'est ce soir ou jamais, a proposé Num.

Et nous avons adhéré à l'idée. À la nuit tombée, nous nous sommes retrouvés dans notre caveau habituel pour nous glisser ensuite dans le bâtiment principal du monastère. Une solide serrure nous barrait l'entrée de la bibliothèque. Nous pouvions voler la clé dans la chambre de Morvan, mais le risque était énorme. Selon Xavier, il existait forcément un passage secret, mais le temps nous manquait. Restait la possibilité de fracturer une fenêtre, mais nous risquions de réveiller le collège. La solution de la cheminée s'est imposée à nous et par chance, comme quelquefois dans les vieilles constructions, celle-ci possédait des marches intérieures, ou plus exactement des tiges de fer permettant au ramoneur de s'accrocher. L'ascension du toit puis la descente ont pris des heures et lorsque nous avons mis le premier pied dans la salle de lecture, l'horloge marquait 2 heures. Il nous restait quatre heures pour éplucher des tonnes d'ouvrages et quitter les lieux avant le lever du soleil.

– C'est n'importe quoi, s'est découragé Num.

– Peu importe. On y est, on essaye et on verra si la chance est avec nous, ai-je dis.

Et rapidement nous avons parcouru les rayons à la recherche d'indices, mais sans savoir dans quelle direction nous devions aller.

– Par ici, il y a des manuscrits, a appelé Xavier.

On a accouru. Nous faisions face en effet à des registres. L'horloge égrainait le temps et nous rappelait par des gongs stressants que nous devions faire vite. Nous avons épluché les grands livres. Certains recélaient des chiffres, d'autres parlaient de greniers et de stocks de nourriture. Soudain Adrien a découvert des registres de naissance tenus par des moines. Il a hurlé de joie et son doigt a parcouru les dates. En un temps record, il a retrouvé les premières traces du sieur Gaultier. En face de son nom figuraient, outre ses dates de naissance et de décès, des numéros de registres. La pendule a sonné 5 heures. Nous avons couru vers les registres cités et après de vives recherches, la biographie de Théobald Gaultier s'est étalée sous nos yeux.

– Déchire les pages, a lancé Xavier, comme un ordre, à Num.

– On peut pas faire ça quand même.

– On n'a ni le choix ni le temps. Faut déguerpir maintenant.

Nous avons quitté précipitamment la grande pièce, emportant avec nous la vie de Gaultier rédigée à la plume d'oie sur dix feuilles de papier brunâtre.

➔ 7

La nuit suivante, nous nous sommes retrouvés dans notre repère souterrain. Num avait emporté les pages et les a tendues à Xavier pour qu'il nous les lise à voix haute. Nous découvrions la vie de Théobald au fil de la lecture, et une feuille nous a même livré une gravure du personnage. Le sieur Gaultier avait été un illustre personnage qui, au long de sa vie, avait bataillé contre les moines pour leur arracher la propriété du monastère. Il y arriva en versant le sang des hommes d'église. Il transforma alors le couvent en pensionnat pour les fils d'officiers et fut ainsi le premier des directeurs. À la Révolution, on jugea que posséder un tel patrimoine était un privilège et on le condamna. Mais personne ne le vit se faire pendre ou brûler.

– Ouah, il a eu une vie fabuleuse, a soupiré Adrien. Tu nous fais voir sa tête, sur la gravure.

Xavier, qui ne s'était pas arrêté sur l'image, nous a tendu la page concernée. Nous avons marqué un temps d'arrêt qui l'a intrigué.

– Qu'est-ce que vous avez ?

– Théobald... On dirait Morvan mais avec des cheveux plus courts.

Xavier s'est saisi de la feuille et a dû reconnaître que nous avions raison. Une peur panique s'est emparée de nous quatre et le soir même, nous avons décidé de fuguer pour ne plus jamais revenir à Saint-Vincent. Nombreuses ont été les questions qui, dès lors, ont parasité nos esprits et nos vies.

Morvan et Gaultier étaient-ils un seul homme ? Gaultier était-il un mort-vivant, et d'autres que nous avaient-ils découvert le secret ? Ceux qui, par exemple, l'avaient surnommé Morvan, pour mort-vivant !

Et dans ce cas, le vrai mystère, le réel but de notre recherche restait entier : les cheveux de Théobald Gaultier avaient-ils poussé durant sa vie première ou pendant sa vie de mort-vivant ?

13 LÉGENDES URBAINES
Alain Venisse
LES MYSTÈRES DE L'OPÉRA

D'après le célèbre roman de Gaston Leroux,
Le Fantôme de l'Opéra,
et d'après une vieille légende,
il y aurait un lac sous l'Opéra de Paris,
sur lequel régnerait un fantôme...

LES MYSTÈRES DE L'OPÉRA

→ 1

Quand Mathieu s'était inscrit à la médiathèque de son quartier, il l'avait d'abord confondue avec un vidéoclub gratuit, où il aurait pu visionner à l'œil les derniers DVD sortis. D'où sa relative déception du début : comment ?! Ils n'avaient pas le nouveau James Bond ? Ni l'épisode ultime de la série *Vendredi 13* ?

Puis il y avait eu Gudule, la bibliothécaire en titre, souvent présente aux mêmes heures que lui. Une petite bonne femme proche de la cinquantaine, mais à la jeunesse d'esprit inaltérable. Toujours vêtue de longues robes aux couleurs gaies, avec une masse de cheveux frisés encadrant un visage malicieux. Un jour qu'il tombait des hallebardes au-dehors et que la salle était presque vide, elle avait engagé la conversation.

Prenant le garçon à part, elle lui avait gentiment expliqué la différence : s'il cherchait une superproduction à la mode, narrant les aventures de ses héros favoris, il s'était trompé de porte. Ici, on ne faisait pas de concurrence aux boutiques louant des vidéos. Au contraire, on prêtait, pour inciter à mieux connaître les classiques du cinéma, et plus encore de la littérature. Bref, un certain reflet de la culture d'hier, sans laquelle celle d'aujourd'hui n'existerait pas. Telle était la vocation d'une médiathèque. Et puisque lui-même n'avait rien à payer, donc rien à perdre... pourquoi ne tenterait-il pas aussi l'expérience ?

Mathieu s'était laissé convaincre... et ne le regrettait pas. Sans renier ses goûts habituels, bien légitimes pour un garçon de douze ans, il s'était découvert une curiosité nouvelle pour des choses qu'il n'aurait encore jamais soupçonnées. D'autant que les avis de Gudule étaient judicieux. Toujours elle lui conseillait le livre ou le film qui allait le plonger dans un monde différent, peut-être moins moderne, mais tout aussi passionnant. Un peu comme s'il avait voyagé dans le temps.

Aujourd'hui, il ramenait fièrement le DVD du *Fantôme de l'Opéra*, la version de 1925 avec Lon Chaney, star incontestée du fantastique de l'époque. Ainsi que le VRAI roman de Gaston Leroux, qui l'avait inspiré. L'un comme l'autre, il avait adoré. Quelle surprise ! Lui, l'adepte des mangas et des jeux d'arcades, se passionner pour un vieux film, même pas en couleur, même pas parlant ? Et pour un gros bouquin paru en 1910 ? D'un autre côté, il habitait rue d'Hauteville, dans le 10e arrondissement. Un quart d'heure de marche le séparait de l'Opéra, ce monument construit par Garnier, ainsi que l'explique le livre. Souvent Mathieu était passé devant, sans l'imaginer comme un lieu d'aventure, de drame et de mystère. Mais aujourd'hui, il le regardait d'un œil différent. Deux moments de l'histoire l'avaient surtout impressionné : la chute du grand lustre sur les spectateurs et la présence d'un lac dans les sous-sols, abritant la demeure du fameux fantôme.

Quel ne fut pas son étonnement d'apprendre alors, des lèvres de la bibliothécaire, que les deux événements étaient RÉELLEMENT arrivés ! Le grand lustre s'était bien décroché en 1896, durant une représentation du *Faust* de Gounod, faisant un mort et de nombreux blessés. Et on admettait aussi l'existence d'un lac souterrain artificiel. L'architecte Garnier avait dû le créer pour absorber l'eau provenant d'un bras souterrain de la Seine, nommé la Grange Batelière, dont les remontées auraient pu nuire aux fondations de l'édifice. Le talent de Gaston Leroux, c'était justement d'avoir su utiliser ces deux faits authentiques comme bases de son roman, pour ensuite y ajouter le personnage du fantôme, un être hideux et diabolique sorti de son imagination.

Elle en savait des choses, Gudule ! Un quart d'heure plus tard, Mathieu quittait la médiathèque, la tête pleine d'étoiles et de rêves.

➔ 2

– Je te jure, mon vieux, c'est ce qu'elle a dit, mot pour mot. Et on peut la croire, tu sais. Elle connaît plein de trucs, elle a lu plein de livres. C'est pas pour rien qu'elle est bibliothécaire !

Assis sur le lit de sa chambre, Mathieu débordait d'enthousiasme, tout heureux de partager ces révélations qui ne semblaient guère impressionner son copain Rudy, adossé en face de lui contre l'armoire. Enfin, son copain... à temps partiel. Car Rudy adorait le rap, les films gore, et il détestait la lecture. D'où un climat parfois tendu entre eux. Un jour tout baignait dans l'huile, le lendemain ils se comportaient comme chien et chat. Pour l'instant, ça semblait plutôt mal engagé, à en juger par le ricanement de Rudy.

– Allez, arrête tes salades. Elle se fiche de toi, ta Gudule, elle t'a vu venir comme un gros naze que tu es. Ces histoires idiotes, même les gosses n'y croient plus. C'est d'ailleurs pour ça qu'on les appelle des légendes urbaines.

Se faire charrier par un pote, passe encore. Mais laisser attaquer la réputation de sa chère bibliothécaire, pas question ! Là, Mathieu se rebiffa.

– Gros naze toi-même, d'abord ! Trop naze pour admettre qu'elle a raison, même si tu n'y comprends rien. Mais je le prouverai, tu verras !

– Toi, le prouver ? Chiche ! Tiens, si tu veux, je te propose un pari. Tes parents t'ont bien offert un appareil numérique, pour ton anniversaire ? Alors rapporte-moi des photos de ton fameux lac souterrain, et je te croirai.

– Ça marche ! Et l'enjeu ?

– L'enjeu ? Pas du fric, on est fauché tous les deux. Disons un gage. Le perdant devra faire tout nu le tour du pâté de maisons. Tu te dégonfles ?

– Et puis quoi, encore ? Même que quand j'aurai gagné, je te laisserai garder tes baskets et ton cache-nez... T'es si frileux !

Après cet ultime affrontement, les deux frères ennemis se séparèrent, laissant Mathieu dans le doute. Peut-être avait-il pris la mouche un peu vite ? Peut-être s'était-il engagé à la légère ? Mais c'était dans son caractère. En outre, il avait dans son jeu un atout secret en la personne de Marc, le petit ami de sa sœur aînée. Et ça, Rudy l'ignorait.

Marc était pompier de métier, et son affectation actuelle concernait justement l'opéra Garnier. Car la sécurité ne plaisante pas là-dessus : il en faut un de garde durant chaque représentation, et même chaque répétition. Pour l'instant, c'était lui. Autant dire qu'il passait le plus clair de son temps dans les coulisses, qu'il connaissait comme sa poche... Bref, l'allié idéal pour introduire Mathieu dans la place !

Un simple appel sur son portable, et l'affaire était dans le sac : rendez-vous à 16 heures sur le grand escalier extérieur. Mathieu, légèrement en avance, dut toutefois attendre plusieurs minutes avant de voir la haute silhouette de Marc sortir du bâtiment et descendre vers lui. Puis tous deux remontèrent les marches, pour pénétrer ensemble dans le premier hall de l'Opéra. Devant les guichets, on refusait une bonne dizaine de touristes déçus.

– Mais enfin, protestait une dame à l'accent provençal, quand est-ce qu'on peut visiter, à la fin ? Je suis déjà venue trois fois cette semaine. On m'a tant parlé de cet endroit extraordinaire !

– Désolé, répondit aimablement le préposé. Ici nous ne sommes pas un musée, mais un théâtre. Cet après-midi, il y a répétition. Donc le public n'est pas admis.

Bien sûr, cette remarque ne s'appliquait pas à Mathieu, qui emboîta tout fier le pas du jeune pompier.

– Bon, qu'est-ce qui t'arrive ? demanda ce dernier, dès qu'ils se retrouvèrent à l'écart. D'après ce que j'ai compris au téléphone, ça concerne ces vieilles rumeurs au sujet de mystères cachés sous l'Opéra ? Mais il s'agit de simples légendes...

– ... des légendes urbaines, je sais ! coupa Mathieu. Et toi, tu l'as lu, le roman ?

– Ben... non. Mais je connais l'histoire. Ici, on est aux premières loges, difficile d'y échapper. D'ailleurs les machinistes ne se privent pas de la colporter, ça les amuse beaucoup. À en croire leurs sous-entendus, le lac existerait vraiment, et ils seraient au courant. On raconte même que certains y descendraient parfois nourrir des poissons, pour mieux les pêcher ensuite.

– Cool ! Y a qu'à leur demander le chemin, alors.

– À eux ? Tu rêves ! Ils forment un clan très fermé, qui a ses petits secrets. Pour laisser planer le doute, ils sont forts. Mais si tu leur poses directement la question, ils se réfugient dans le silence, se marrent et changent de sujet. Même avec moi, qui suis pourtant leur pote ! Non, si tu veux mon avis, c'est un genre qu'ils se donnent afin de se rendre intéressants. Une sorte de canular à l'usage des novices.

– Je dois en déduire que tu me laisses tomber ? s'inquiéta Mathieu, la mine assombrie.

– J'ai pas dit ça ! protesta le pompier. T'es le frangin de ma copine, je t'aiderai. Encore faut-il savoir comment.

– Alors là, facile : tout est dans le bouquin. En venant ici, j'ai acheté une édition bon marché, dans une librairie des Grands Boulevards. Pour retrouver le passage vers la grotte, on n'aura qu'à se fier à certaines parties du texte.

– Après cent ans, ou presque ? Et encore, en admettant qu'il ait jamais existé ! Tu vas au-devant de grosses déceptions, j'en ai bien peur. Enfin soit. Si tu veux quelqu'un pour te piloter dans les coulisses, je suis ton homme. Mais à une condition : sous la grande salle, il existe cinq niveaux appelés les « dessous ». Un vrai dédale de passerelles, d'escaliers et de plans inclinés avec plein d'appareils destinés à monter ou descendre les décors, de trappes et d'ascenseurs pour faire apparaître ou disparaître certains personnages sur la scène. C'est un endroit dangereux, pour les gens de l'extérieur. Alors pas de blagues. Tu devras me suivre pas à pas, et m'obéir sans poser de questions.

– Génial ! explosa Mathieu. Comme le vicomte de Chagny se laissant guider par le Persan, dans le chapitre XXI. Alors... qu'est-ce qu'on attend ?

➔ 3

Marc n'avait pas menti. Pénétrer dans les coulisses, c'était descendre dans une vraie petite ville souterraine, pour l'instant déserte, mais qui devait grouiller de vie durant les représentations. Si, là-haut, ténors et divas constituaient l'âme de l'édifice, ici, dans l'ombre, se trouvaient son cœur et ses muscles, eux aussi au service de l'art, bien que de façon plus discrète.

Quand on pense à l'opéra Garnier, on évoque la grande salle

avec ses fauteuils en velours rouge, son rideau brodé d'or, son plafond décoré par le peintre Chagall, son lustre prestigieux pesant près de huit tonnes. Mais qui, parmi les spectateurs, aurait pu imaginer l'endroit où évoluaient maintenant les deux équipiers ? Le pouls de Mathieu battait plus fort. Le livre à la main, sa lampe torche au côté, l'appareil numérique dans son sac à dos, il avait un peu l'impression d'être entré dans le roman, de vivre une véritable aventure sur les traces de Gaston Leroux.

Ou fallait-il dire sur les traces... du fantôme ?

Étonnant, l'assurance avec laquelle son copain le pompier progressait devant lui ! Ainsi que sa façon de le mettre en garde contre les obstacles imprévus, de lui expliquer ses points de repère. Au deuxième dessous, un bruit étrange les avait alarmés. Sans doute un simple grincement dans l'impressionnante machinerie qui les entourait. Mais au troisième, ils avaient dû se cacher pour de bon, afin d'éviter un couple de machinistes probablement descendus pour quelque inspection, et qui était passé sans les voir. À présent, ils atteignaient le quatrième niveau.

– C'est au cinquième, tout en bas, que Gaston Leroux a situé son accès, commenta Mathieu, dont l'impatience grandissait de minute en minute.

Un nouveau détour, un nouvel escalier, et tous deux débouchèrent enfin au terme de leur parcours. Plus moyen de descendre davantage, c'était là... ou nulle part ! Le jeune aventurier concentra le pinceau de sa lampe sur les pages qu'il n'avait pas cessé de feuilleter. Bizarrement, c'était maintenant à lui d'ouvrir la marche, en lisant à haute voix le texte qui leur servait de guide.

D'abord sceptique, Marc, à son tour, commençait à se poser des questions. Autant l'admettre : ce qu'il avait sous les yeux correspondait de façon troublante au récit paru en 1910.

– Ce virage après le treuil et les contrepoids, ce couloir qui se termine en impasse... On y est ! décréta Mathieu.

Contre le mur de gauche s'appuyait un grand décor en toile peinte, visiblement abandonné depuis longtemps. Assez vieux, en fait, assez moisi pour dater du siècle dernier. Le garçon le dépassa et alla se planter devant la paroi qui lui faisait suite.

– C'est là ! confirma-t-il en commençant à tâter les reliefs de la pierre. D'après les indications du livre, on devrait trouver un déclic caché.

Se prenant au jeu, Marc se mit à l'imiter, aidé par sa taille qui lui permettait de pousser plus haut ses recherches. Hélas, ni l'un ni l'autre ne semblait chanceux. Au bout d'un bon quart d'heure d'efforts inutiles, leur entrain du début tournait à la déception, quand une sonnerie aiguë les fit sursauter.

Le téléphone de Marc ! Celui-ci s'empressa de répondre, bafouilla quelques mots puis le remit dans la poche, l'air contrarié.

– C'est malin ! Avec tout ça, j'ai complètement oublié l'heure. Là-haut, une répétition est sur le point de commencer, et si je ne suis pas à mon poste, je vais me faire incendier... Le comble, pour un pompier ! Allez, suis-moi, faut qu'on remonte.

Déçu, Mathieu fit sa mauvaise tête.

– Pars le premier, je te rejoins tout de suite.

– Et puis quoi, encore ? On a conclu un marché, tu te souviens ? Au sujet des dangers dans les sous-sols.

– Peut-être, mais je me suis tordu la cheville. Je ne peux pas marcher aussi vite que toi, et tu perdras du temps. D'ailleurs, tu m'as indiqué tous les repères, aucun risque que je me perde ! Va devant, je te dis.

C'était clair, le garçon n'y mettait pas du sien, il s'arrangerait pour traîner. À l'idée d'arriver en retard, Marc frémit. Il n'avait pas le choix.

– D'accord. Mais gare à toi si je ne te revois pas sur le plateau d'ici cinq minutes !

Sur cette menace, il s'élança vers les escaliers. À peine avait-il disparu que Mathieu se remettait fébrilement au travail. Mais où donc était-il, ce fichu déclic ? On en parlait dans le roman, il fallait bien qu'il se trouve là, quelque part, à portée de ses doigts. À moins que...

Non, ce serait trop bête, trop injuste ! Furieux, l'explorateur en herbe décocha un coup de pied vengeur au bas de la muraille. Et le miracle s'accomplit... Tout un panneau de pierre pivota lentement sur lui-même, révélant l'entrée d'un étroit couloir. Là, plus aucune lumière. La lampe torche allait trouver sa pleine utilité. Après une courte hésitation, Mathieu s'engagea dans le boyau aux parois resserrées. Il n'avait pas parcouru dix mètres qu'un claquement étouffé lui apprit que le passage venait de se refermer derrière lui.

Plus moyen de reculer, à présent. Il fallait aller de l'avant, coûte que coûte. Facile à dire, moins à faire. Entre lire une histoire de personnage emmuré et la vivre vraiment, il y avait une sacrée différence. Avant tout, ne pas s'affoler. Voyons, toujours d'après le livre, quelle était l'étape suivante ? Ah oui, une trappe ! Une...

Avant d'avoir pu préciser sa pensée, Mathieu sentit le sol se dérober sous ses pieds et comprit qu'il tombait dans le vide.

→ 4

La chute avait été brève, mais rude. Les idées encore en désordre, le malheureux reprenait doucement ses esprits. Car il avait dû perdre conscience, quelques instants au moins, aucun doute là-dessus.

Première constatation rassurante : il n'avait rien de cassé, juste une vague douleur au niveau du genou. Seconde : son appareil photo était intact, ainsi que sa lampe électrique, même pas éteinte. Dirigeant son faisceau vers le plafond, Mathieu en estima la hauteur à trois bons mètres. Trop pour qu'il espère remonter par là. Sauf avec un objet sur lequel se hisser.

Mais rien de tel dans cette nouvelle galerie, vide et parfaitement rectiligne, dont les parois taillées au cœur de la roche allaient se perdre au loin dans l'obscurité. Toutefois un courant d'air froid laissait présager l'existence d'une issue à son extrémité. Allons... Les choses auraient pu être pires ! Et avec un peu de chance... Rassemblant son courage, Mathieu se remit debout, inspecta son maigre bagage. L'exploration pouvait continuer.

En reprenant sa marche, il songeait à l'énorme monument, au-dessus de sa tête. En surface, la répétition avait dû commencer. Les musiciens, serrant leurs instruments, guettaient le moindre signe du chef d'orchestre. Sur la scène, chanteurs et chanteuses se donnaient la réplique, sans doute encore vêtus de leurs costumes de ville. Dans le grand hall, des gens entraient et sortaient, se retrouvaient dans la rue à l'air libre, au milieu de la foule. Là-haut, il y avait de l'agitation, des bus, des voitures, du bruit. La vie, quoi !

Tandis qu'en bas, Mathieu poursuivait sa route dans le silence et la solitude. À quelle profondeur, et vers quel but mystérieux ? Quand on erre ainsi dans le noir, sous la seule protection d'un mince faisceau de lumière, les notions de durée et de distance perdent toute valeur. La crainte essentielle, c'est de voir s'éteindre sa lampe électrique. Mais aucun risque, dans le cas de Mathieu : les piles étaient neuves, et d'autres attendaient en réserve dans son sac.

Pourtant il avait du mal à se raisonner. Malgré lui, son cœur cognait dans sa poitrine, sa respiration devenait plus rapide. On aurait dit que la tête lui tournait un peu, que son esprit s'embrumait, que ses jambes devenaient molles. Pourvu que des gaz toxiques ne stagnent pas dans ce souterrain ! Maintenant, de minuscules étoiles dansaient devant ses yeux. Effet de son imagination ? Pas sûr. Car à mesure qu'il progressait, les ténèbres autour de lui semblaient moins denses. Non, il ne rêvait pas : droit devant, vers le bout du tunnel, une clarté vague se précisait peu à peu à chacun de ses pas.

Celle du soleil ? Impossible. À aucun moment Mathieu n'avait eu la sensation de monter. Mais au contraire celle de toujours descendre davantage... Alors ?

Une réponse l'attendait, à laquelle il n'osait plus croire. Une réponse qui s'imposa à lui dix minutes plus tard, quand la galerie s'élargit subitement pour déboucher enfin sur... UNE CAVERNE !

→ 5

Elle était là, sous les yeux du garçon ébahi. Assez vaste, lui sembla-t-il, pour engloutir l'Opéra tout entier, en cas de tremblement de terre. Assez vaste pour contenir en son centre un grand lac aux eaux noires et dormantes. Ce fameux lac auquel Mathieu était l'un des seuls à croire. La voûte rocheuse qui le surplombait se piquetait de points lumineux par centaines. En réalité une colonie de petits champignons phosphorescents. C'était d'eux qu'émanait ce halo étrange, déjà aperçu depuis la galerie, nimbant le paysage d'une douceur inattendue.

À cette vue, Mathieu sentit monter en lui un formidable sentiment de triomphe. Ainsi il avait vu juste ! Ainsi tout était vrai, dans le récit de Gaston Leroux : les dessous de l'Opéra, le passage secret, la grotte, le lac… et même cette singulière construction, bien visible sur la rive opposée !

Bâtie en pierre brute, elle paraissait émerger de la paroi derrière elle, comme taillée au cœur de sa masse. Son large fronton s'avançait jusqu'à l'extrême limite de la surface liquide, dont les petites vagues venaient mourir devant sa porte. Sans nul doute, un seul être avait pu habiter une telle demeure : Érik, le terrible fantôme du roman ! De là à déduire que le personnage n'était pas purement imaginaire, il n'y avait qu'un pas, que Mathieu hésitait cependant à franchir.

Mais une autre pensée chassa soudain toutes les autres. Il avait gagné son pari, d'accord. Encore fallait-il en apporter la preuve ! Sortant de sa rêverie, il ouvrit son sac et vérifia l'appareil photo. Les piles étaient bonnes, le réglage aussi. Le reporter improvisé avait choisi de réaliser ses clichés en mode basse lumière, car le petit flash intégré ne porterait jamais assez loin. Dans ce but, il cala soigneusement son matériel sur une grosse pierre, afin d'éviter le flou de bougé. Les cinq minutes suivantes se passèrent en prises de vues avec, à chaque fois, vérification du résultat sur l'écran numérique.

Impressionnant ! Mathieu n'était pas mécontent de lui. Pour finir, il décida d'utiliser le déclencheur à retardement, afin de poser lui-même devant le décor. Une façon supplémentaire de démontrer l'absence de trucage. L'opération fut répétée deux fois, puis trois.

Le garçon satisfait s'apprêtait à ranger son appareil quand, derrière lui, un drôle de bruit attira son attention. Il se tenait encore face à l'objectif, donc dos au lac. Un lac d'où montait maintenant une sorte de clapotis étouffé, comme celui de deux rames frappant l'eau avec précaution.

Difficile, parfois, de se retourner. Surtout pour contempler le genre de spectacle qui attendait le pauvre Mathieu. Au milieu de la pièce d'eau, surgie de nulle part, une petite barque avançait lentement à sa rencontre. À bord, une silhouette affublée d'une large cape et d'un grand chapeau de feutre maniait les avirons. Bien qu'assise, elle paraissait très grande et d'une incroyable maigreur, ainsi qu'elle le prouva en se dressant soudain. Son chapeau glissa en arrière, révélant une face de cauchemar.

Des yeux si enfoncés qu'on aurait cru des puits sans fond, deux trous en guise de nez, une peau jaune et parcheminée tendue sur l'ossature... L'image vivante d'un crâne de squelette. C'était LUI... Lui, le fantôme de l'Opéra, tel que l'avait décrit Gaston Leroux en 1910 ! Et il n'avait pas l'air content de découvrir un intrus sur son domaine. Des éclairs furieux remplaçaient son absence de regard, les coins de sa bouche se déformaient en une grimace plus hideuse encore, son index accusateur se pointa en direction de Mathieu.

En une heure, le malheureux avait connu pas mal d'émotions fortes, celle-ci était de trop. Il eut l'impression que le paysage de la grotte basculait, ferma les yeux et s'effondra sans un cri, inconscient.

➔ 6

– Mon garçon ! Ho ! mon garçon, tu m'entends ? Réveille-toi, je t'en prie.

La voix, d'abord lointaine, prenait doucement sa place dans le crâne de Mathieu. Ce dernier laissa échapper un gémissement, puis se mit en devoir de soulever les paupières.

Il était allongé sur un sol rugueux, avec penché sur lui le visage d'un homme entre deux âges, visiblement soulagé de son retour à la vie.

– À la bonne heure ! Tu pourras te vanter de nous avoir fait une sacrée peur, toi. Quelle idée, aussi, de venir te promener par ici. Tu sais que c'est interdit au public, et pas sans raisons ?

Déjà un peu plus lucide, Mathieu reconnut la trappe, au-dessus de sa tête, et l'amorce de la galerie où il s'était engagé tout à l'heure. Sauf que l'endroit était maintenant mieux éclairé. Plusieurs personnes, lampes électriques à la main, se tenaient derrière la première. Et parmi elles, son ami Marc, le pompier. Sans doute celui-ci s'était-il inquiété de l'absence du garçon et avait-il alerté les machinistes, qui étaient descendus lui porter secours.

– J'y comprends rien, bredouilla Mathieu. Vous avez été me chercher jusque dans la grotte ?

– La grotte ? Quelle grotte ? s'étonna l'homme du début. Y a rien de tel, dans le secteur. On t'a juste trouvé ici, sous la trappe par laquelle tu es tombé. On peut dire que t'as eu de la chance de pas te briser une jambe !

– Pas de grotte ? insista le garçon égaré. Mais cette galerie, là... elle conduit où ?

– Nulle part. Plus loin, elle est bloquée par un éboulis.

Un murmure approbateur s'éleva du groupe.

– Il délire, dit quelqu'un. Sûrement un effet du choc.

– Écartez-vous, ordonna un autre, laissez-le respirer. Faut qu'on le remonte à la surface, il retrouvera ses esprits.

Dans la tête de Mathieu, c'était le désarroi. Ses idées s'entrechoquaient. Selon l'avis général, il n'aurait pas dépassé ce stade du parcours. Mais le reste de son aventure, alors ? La caverne, le lac, la maison, le fantôme ? Il aurait tout imaginé, durant son évanouissement ?

C'est ce que tout le monde s'efforça de lui faire admettre, une fois de retour à l'air libre. À commencer par Marc, qui s'en voulait à mort de l'avoir laissé en bas. Certes, le doyen des machinistes confirma en partie les propos de la bibliothécaire : il existait bien, dans les sous-sols, un grand réservoir en béton à double paroi, destiné à protéger les fondations contre le trop-plein d'humidité. Mais rien de pareil aux visions enflammées de Mathieu.

Et quand celui-ci voulut prouver sa bonne foi en montrant les photos qu'il avait prises, une sévère déconvenue l'attendait : tout avait disparu, la carte mémoire était vide. Cela dit, à bien y réfléchir, quoi de plus simple pour une personne motivée que de l'effacer d'un geste... surtout pendant que son propriétaire était évanoui ?

Ainsi rien n'était prouvé, ni dans un sens ni dans un autre. Mathieu avait gâché son unique chance. Car plus question pour lui de renouveler son expédition. Maintenant que les machinos le connaissaient, ils lui interdiraient l'accès des coulisses. Il avait perdu son pari, autant l'accepter.

Faire tout nu le tour de son pâté de maisons ne l'enchantait guère. D'autant que Rudy, triomphant, l'avait bien prévenu : il y aurait là tous ses copains... et plus encore, ses copines ! Mais au fond, Mathieu s'en foutait, lui qui, l'été, faisait du naturisme en compagnie de ses parents. Quelque chose de bien plus grave occupait son esprit, une question qui resterait à jamais sans réponse. Le lac sous l'Opéra existait-il, oui ou non ? Les machinistes avaient-ils dit la vérité... ou au contraire faisaient-ils bloc pour protéger le secret du Fantôme ? Cela resterait toujours un mystère.

Voilà ce que Mathieu avoua à Gudule, quelques jours plus tard. Dans le calme feutré de la médiathèque, tous deux se regardaient, assis de chaque côté d'une table de lecture un peu à l'écart. Et ce fut la bibliothécaire qui eut le mot de la fin, en lui confiant un principe qui avait dirigé sa propre vie, depuis sa plus tendre enfance. Un principe qui aidait à supporter les passages difficiles, à guérir les moments de doute ou les crises de cafard. Il tenait en peu de mots : « Quand le rêve est plus beau que la réalité... accroche-toi au rêve ! »

Note de l'auteur : Bien que je ne garantisse en rien l'existence du fantôme lui-même, je tiens à signaler à mes lecteurs que tous les événements ou dates auxquels se réfère mon texte sont, eux, bien authentiques et facilement vérifiables.

13 LÉGENDES URBAINES
Nicolas Jaillet
ROBBIE CRUSOÉ

Une histoire circule
dans les équipes de nuit qui travaillent
à l'entretien des voies du métro.
Celle d'un homme,
vêtu d'un pyjama bleu ciel tout rapiécé,
qui dort dans des stations désaffectées
et se nourrit de ce qu'il trouve
dans les poubelles.

ROBBIE CRUSOÉ

→ 1

À part un certain William Turtle, chef électricien dans le secteur La Rua-14e et San Diego, personne ne prétend avoir jamais approché le mystérieux habitant du métro, qui fuit dès qu'il aperçoit une équipe, et disparaît comme par magie. William Turtle, lui, raconte qu'il a croisé l'étrange Robinson, seul, une nuit qu'il s'était fait enfermer par erreur dans une station. Il dit même qu'il a réussi à engager une conversation avec l'inconnu, en échange de son panier-repas. Aux dires de ses collègues, William Turtle est un homme sobre, et ils aiment à dire que cette histoire, si elle est fausse, est le seul bobard qu'il ait jamais raconté de sa vie.

Robbie avait onze ans quand il prit le métro tout seul pour la première fois. Il avait noté son itinéraire sur une feuille, qu'il gardait dans sa poche, même s'il le connaissait par cœur.

Quand la rame s'arrêta devant lui, Robbie eut une petite hésitation. Au lieu d'entrer dans le wagon, il courut vers le plan affiché sur le mur derrière lui, pour vérifier une fois de plus qu'il ne s'était pas trompé. Il entendit le signal d'alarme alors que son doigt suivait encore la ligne bleue des stations. Il se tourna vers la rame, trop tard. Les portes se refermaient.

Robbie regarda le train partir et se retrouva bientôt seul sur le quai. Plus tard, il repensa souvent à ce métro, parti sans lui. Comme sa vie aurait changé, s'il avait pris ce train-là et pas le suivant !

Il alla s'asseoir sur un banc, et trompa l'ennui en regardant les panneaux lumineux. La prochaine rame était annoncée dans trois minutes. Trois minutes ? Ce n'est rien. Il suffit de compter jusqu'à... Robbie réfléchit... Cent quatre-vingts. Il commença : Un... deux...

Il n'était pas arrivé à 100, quand une nouvelle rame apparut. Robbie jeta un coup d'œil au panneau lumineux :

« Prochain train : 1 min 30. »

Les portes s'ouvrirent. Le wagon était presque vide. En entrant, Robbie se demandait à quoi pouvaient bien servir des panneaux qui racontent n'importe quoi.

Le métro démarra, et roula dans le tunnel, de plus en plus vite. Très vite. Trop vite. Le cœur du jeune garçon battait fort. Il se disait que c'était à cause de l'expérience, parce qu'il était seul dans le métro pour la première fois. Bref, il tentait de se convaincre qu'il n'y avait là rien d'exceptionnel. Mais lorsqu'il croisa le regard des autres voyageurs, il y vit une lueur inquiète qui lui confirma ses soupçons. Le train continuait d'accélérer, alors qu'on s'approchait de la station suivante. Dans les virages, les gens s'agrippaient aux barres métalliques.

Le métro déboula à pleine vitesse dans la station. Sans s'arrêter. On distinguait à peine les visages des voyageurs sur le quai, aussi surpris sans doute que ceux qui se trouvaient à l'intérieur. Un homme, les mains serrées sur la poignée de la porte, l'actionnait sans résultat. Il frappa du poing contre la vitre.

– Eh ! Mais je descends, moi... Laissez-moi sortir !

Le quai disparut. On était à nouveau dans le tunnel. Les gens se regardaient, s'interrogeant du regard, sans rien trouver à se dire que :

– Mais qu'est-ce qui se passe ? Qu'est-ce qui se passe ?

Le train fit une embardée ; il venait de prendre une bifurcation. Il y eut des cris. Une femme en tailleur se précipita sur le signal d'alarme. La poignée lui resta dans la main.

– Qu'est-ce que c'est que cette blague ?

Comme pour lui répondre, le train freina brutalement, et la femme trébucha. En tombant, elle heurta de la tête une barre de fauteuil, et poussa un juron. Elle se releva tant bien que mal, la main sur le front, et se mit à donner des coups de pied dans les portes et les fauteuils. On aurait dit qu'elle pleurait. Robbie était étonné, et de plus en plus inquiet. C'était la première fois qu'il voyait un adulte se laisser aller à la panique.

La friction des roues sur les rails produisait un son suraigu. Le train s'était arrêté dans une gare déserte. Les portes s'ouvrirent.

Quelques voyageurs descendirent sur le quai, dans un grand silence. D'autres restaient prostrés à l'intérieur du wagon. La même angoisse se lisait sur tous les visages, mais personne n'osait plus parler. La station datait d'une autre époque. Une publicité, dans un cadre, vantait les mérites d'appareils électroménagers que Robbie n'avait jamais vus. Une odeur d'ammoniac flottait dans l'air. On entendait un bruit de soufflerie. Un homme s'effondra, puis un autre, puis le décor devint flou, et Robbie s'évanouit.

→ 2

Il ouvrit les yeux quelques heures plus tard, et ne vit d'abord que du blanc. S'il n'avait pas senti le sol dur et froid sur lequel il était couché, il se serait cru dans un nuage. Mais peu à peu, le nuage blanc se découpa en petits carrés d'émail. Il se trouvait dans une pièce cubique, sans porte ni fenêtre. En se levant, il prit conscience des bracelets d'acier qu'il portait aux poignets. Il était vêtu d'une sorte de pyjama d'hôpital en coton bleu pâle. Les bracelets, comme les vêtements, étaient trop grands pour lui.

Bien sûr, Robbie était effrayé, mais par-dessus tout, il était stupéfait. Il regardait autour de lui et, du sol au plafond, sur les murs, il ne voyait que des rangées de carreaux blancs, impeccablement alignés. À part une ampoule au plafond, sous un globe de plastique, la pièce était parfaitement vide. Robbie s'approcha du mur et vit que les carreaux étaient percés de trous minuscules, presque invisibles.

– Bonjour !

Robbie tressaillit. Une voix lui parlait. Une voix de femme, enregistrée. Plus exactement, une voix d'ordinateur.

– Placez-vous face à la porte. Placez-vous face à la porte. Placez-vous...

Robbie tournait sur lui-même. Il ne voyait rien, dans cette maudite boîte où il était enfermé, qui ressemblait à une porte. Il s'arrêta au hasard, devant l'un des quatre murs.

– Ceci n'est pas la porte, dit la voix. Placez-vous face à la porte. Placez-vous face à la porte...

– Aïe !

Robbie se massait les poignets. Une décharge électrique lui avait traversé le corps. Il pivota d'un quart de tour et attendit, anxieux.

– Ceci n'est pas la porte. Placez-vous devant la porte...

Sans attendre la punition, Robbie pivota encore d'un quart de tour.

– Vous êtes devant la porte. Ne bougez plus.

Robbie soupira, soulagé. En face de lui, un rectangle se dessina, puis les carreaux qui le composaient basculèrent, dégageant un orifice à hauteur d'homme.

– Quittez votre cellule, dit la voix. Entrez dans le rang.

Robbie obéit. L'ouverture donnait sur un couloir couvert, comme sa cellule, de carreaux blancs. Dans le couloir, à perte de vue, des hommes étaient alignés. Ils portaient tous la même combinaison bleue, et des menottes, comme lui. Robbie tenta un geste de la main vers l'homme qui se tenait à sa gauche, mais l'homme ne lui répondit pas. Son regard se perdait dans le vague, ses yeux rougis semblaient fixer un horizon absent, et son visage exprimait une douleur morne, désespérée.

– Avancez, dit la voix. Un... deux... un... deux...

C'était une nouvelle voix. Une voix d'homme. Mais tout aussi électronique que celle qui lui avait parlé dans sa cellule. Les hommes du rang s'étaient mis à marcher, suivant le rythme imposé. Toutes les cellules s'étaient refermées, et les captifs avançaient maintenant dans un couloir qui n'avait plus ni début ni fin. Robbie tenta de pencher la tête sur le côté, pour voir où la file menait, mais il perdait le rythme, et lorsqu'il s'approchait trop de l'homme qui le précédait, ou bien s'il prenait un peu de retard, il recevait aussitôt une décharge électrique.

Durant quelques minutes, Robbie n'entendit rien d'autre que le bruit des pas et le cliquetis métallique des entraves. Personne ne parlait. Les hommes qui formaient le rang semblaient avoir perdu certaines facultés humaines. Au bout d'un moment, Robbie perçut une clameur, loin devant. Un bruit de machines.

« Vroum, broum, vroum, broum... »

Le couloir s'était élargi. Ils croisèrent une autre file de captifs, marchant en sens inverse. Robbie les observait intensément, en tentant de capter leurs regards. Mais ils ne réagissaient pas plus que ses camarades.

Leurs tuniques étaient trempées, leurs cheveux collaient à leurs tempes, et leurs yeux éteints n'exprimaient qu'une profonde fatigue.

« Vroum, broum, vroum, broum... »

Le bruit était de plus en plus fort. Ils avaient atteint une grande porte d'acier. Les carreaux d'émail disparurent. Ils se trouvaient sur un sol rocailleux, à l'entrée d'un souterrain. La file s'arrêta. Une autre s'approchait. Les hommes portaient des pioches. Ils les tendirent à leurs successeurs, et disparurent.

L'homme qui donna la sienne à Robbie eut un vague air d'étonnement, mais il se reprit aussitôt et partit avec les autres, d'un pas identique, sans dire un mot.

Robbie posa sa pioche sur son épaule. Elle était si lourde qu'il se demandait ce qui se passerait si on lui ordonnait de s'en servir. Les couloirs, plus larges, sinueux, faisaient penser à des veines, des artères dont les hommes en bleu seraient les globules.

Robbie se demandait si ses compagnons savaient où ils allaient, et comment ils se dirigeaient. Il se dit que les premiers de la file devaient obéir à des consignes données par les haut-parleurs.

→ 3

Soudain, la file s'arrêta. Pivotant d'un quart de tour, les hommes firent face à la paroi et se mirent à creuser. Robbie peina pour soulever sa pioche.

Il l'avait à peine élevée à hauteur de ses yeux que ses voisins avaient déjà fait retomber la leur, en dégageant des éclats de pierre et des étincelles.

Il reçut une décharge, beaucoup plus forte que les précédentes.

La douleur et la peur lui donnèrent une force inattendue. Il trouva le moyen de soulever sa pioche et de la faire tomber sur la roche. Il fit à peine rouler quelques grains de terre. Mais à chaque fois qu'il prenait du retard, il recevait une nouvelle décharge.

Comme pour l'humilier encore plus, les hommes à ses côtés accéléraient le rythme. Robbie frappa de toutes ses forces. Bientôt, à chaque respiration, la poussière crissait en entrant dans sa gorge dans un couinement pathétique. Mais Robbie s'en moquait maintenant. Il ne tentait même plus de dissimuler sa douleur. Des larmes coulaient continuellement de ses yeux, à présent.

La force lui manqua. Il ne pouvait plus soulever sa pioche, et les décharges électriques n'y faisaient rien. Une main se posa sur sa poitrine et le poussa en arrière. C'était l'homme qui se tenait à sa gauche. Il avait pris sa place, et attaquait le mur avec d'autant plus d'efforts.

Les décharges dans les bracelets de Robbie cessèrent. L'homme, en revanche, s'était mis à crier.

– Retournez à votre place... Retournez à votre place, répétait le haut-parleur.

L'homme tint le coup encore quelques secondes et finit par obéir.

Grâce à l'intervention de son compagnon, Robbie avait repris des forces. Il se remit à creuser en essayant de s'économiser. Il n'essayait plus de faire des étincelles comme ses voisins. Il donnait assez de coups de pioche pour éviter les décharges électriques.

Il s'habituait à la douleur qui s'était installée dans ses bras d'abord, puis dans son ventre, et qui, peu à peu, avait envahi chaque partie de son corps. Il en découvrit une nouvelle : des ampoules s'étaient formées dans les paumes de ses mains, elles éclataient les unes après les autres. Robbie serrait les dents.

Il constatait que, malgré la douleur, le corps humain peut continuer de fonctionner. En un temps qui lui paraissait lointain (la veille, le matin même !), sa mère venait le consoler au moindre chagrin. Robbie secoua la tête. Il avait cessé de pleurer depuis quelques minutes. Au souvenir de sa mère, les larmes étaient remontées à ses yeux. Il ne fallait pas y penser. Il fallait creuser. Serrer les dents et creuser. Oublier tout, pour oublier la douleur.

Robbie pensait au regard vide de ses compagnons. Le regard de ceux qui oublient tout. Il avait le même, maintenant, il en était certain.

Il y eut un appel, mais Robbie ne l'entendit pas. Il s'arrêta de creuser quand son voisin le prit par l'épaule.

Robbie en profita pour lui dire :

– Merci.

L'homme secoua la tête et, avec regret, posant un doigt sur ses lèvres, il murmura :

– Pas le temps.

La file fit demi-tour. À l'entrée du tunnel, ils croisèrent une équipe qui venait en sens inverse. Ils leur donnèrent leurs outils. Puis ils se remirent en route vers leurs cellules. D'autres équipes partaient au travail. En les croisant, Robbie, pas plus qu'aucun de ses compagnons, ne leur accorda un regard. Il comprenait la phrase de son voisin : « Pas le temps ». Pas le temps de vivre, pas le temps de parler. Il fallait économiser la moindre parcelle d'énergie, le moindre souffle, pour éviter les décharges. Pour ne pas mourir d'épuisement.

→ 4

Quand Robbie rentra dans sa cellule, une surprise l'attendait. Au milieu de la pièce cubique, de petites pilules rondes, d'un bleu pâle qui ressemblait à celui de sa tunique, étaient empilées en une pyramide minuscule. La porte se referma derrière lui, et Robbie entendit la voix :

– Mangez votre dose alimentaire. Mangez votre dose alimentaire...

À vrai dire, Robbie avait faim. Épouvantablement faim. Il n'était pas très rassuré, mais il n'avait guère le choix, et de toute façon, il aurait mangé n'importe quoi.

Il prit les pilules et les avala une à une. Les premières eurent du mal à passer, car il n'avait pas bu une seule goutte d'eau depuis son arrivée. Il s'aperçut avec étonnement que, à mesure qu'il avalait ses pilules, toutes ces sensations désagréables – la faim, la soif, la douleur musculaire – s'estompaient en même temps. Robbie se demandait bien comment une pilule pouvait remplacer les litres d'eau que son corps réclamait quelques secondes auparavant, quand la voix résonna à nouveau :

– Préparez-vous pour la séance d'hygiène... Préparez-vous...

Aussitôt, une vibration se fit entendre, et une pluie tiède tomba du plafond. L'eau pénétrait par les milliers de petits trous percés dans les dalles. En quelques secondes, Robbie se trouva trempé, puis la pluie s'arrêta, remplacée par un souffle d'air chaud. Quand la soufflerie s'arrêta, Robbie était sec et propre.

– Séance d'hygiène terminée, dit la voix. Couchez-vous. Dormez.

Robbie s'allongea. Malgré l'épuisement, il ne trouvait pas le sommeil. Ses muscles étaient raides et douloureux. Ses paumes étaient calleuses et brûlantes. Les ampoules y avaient laissé de profondes entailles. Des sanglots le secouaient malgré lui. « C'est horrible, ici, horrible, horrible... C'est pire que de mourir. »

Alors il se produisit quelque chose.

– Attention ! Message important, est-ce que vous m'entendez ?

C'était la voix. La voix de la machine. Mais elle parlait beaucoup moins fort que d'habitude. Pour une raison étrange, Robbie avait l'impression qu'elle s'adressait à lui. Il se frotta les yeux, et se redressa.

– Non, dit la voix. Restez allongé.

Robbie obéit.

– Qui vous êtes ? demanda-t-il.

– Je suis l'ordinateur central de ce complexe. Mon immatriculation IP est NR809/#476806/127@rodovancomplex1/secu.org. Mais ça n'a pas d'importance. Votre présence ici est problématique. Vous n'avez pas l'âge requis. Vous devez quitter le complexe. Nous allons simuler une évasion. Si mes calculs sont exacts, les menottes de sécurité que vous portez aux poignets sont trop grandes pour vous. Vous pouvez utiliser l'élasticité de vos membres supérieurs pour les enlever.

Robbie replia le pouce au milieu de sa paume, et allongea sa main au maximum. Il tira sur le bracelet, de toutes ses forces. Il s'écorcha légèrement la peau, mais il parvint à se libérer. Il étouffa un cri de soulagement, et passa à l'autre main. Lorsqu'il eut les deux poignets libres, Robbie bondit de joie.

– Restez calme, dit la voix. Je vais vous donner des instructions. Dans vingt-cinq secondes, mon message sera terminé. La porte de votre cellule s'ouvrira. Vous la quitterez, et vous courrez vers la centrale d'excavation à l'extrémité du couloir. Je serai contraint de respecter la procédure, et je lancerai un drone à votre poursuite. Le drone cherchera d'abord à atteindre vos poignets métalliques. Il les trouvera dans votre cellule. Cet événement n'étant pas conforme à sa programmation, il subira une courte déconnexion. Vous utiliserez votre avance pour atteindre la centrale d'excavation. Ma voix vous guidera vers la sortie.

Robbie cherchait ses mots. Il ne comprenait pas. Mais après tout, tant pis ! Cette chance de fuir était inattendue, inespérée ! La porte s'ouvrit, il se précipita dans le couloir. Il entendit un cliquetis métallique derrière lui. Il jeta un regard derrière lui. Une machine était apparue. On aurait dit un énorme scarabée. C'était le drone. Il zigzaguait dans le couloir, heurtant les cloisons.

→ 5

Robbie atteignit la mine. L'entrée obscure faisait penser à un puits sans fond. Robbie entendait la voix, au loin, dans le noir, trop loin pour être parfaitement distincte. Il pivota. Le drone avançait vers lui, maintenant.

– Par ici, disait la voix. Plus vite. Courez.

Robbie tendit les mains en avant et se mit à marcher dans la nuit. Il n'avait pas d'autre choix que de suivre cette voix qui l'avait torturé toute la journée. Il courait maintenant, à travers le vide et la nuit. Ses yeux écarquillés ne percevaient rien que le vent de sa course.

– Arrêtez ! dit la voix.

Robbie s'arrêta.

– Approchez-vous de la paroi, à votre droite. Entrez dans le conduit.

Robbie obéit. Il tâtonna le long du mur, et repéra un creux. Un homme adulte n'aurait pas pu y entrer, mais Robbie s'y glissa, en rentrant les épaules. Il entendait le moteur électrique, et voyait entre ses jambes un rai de lumière. Le drone approchait.

– Mon assistance s'arrête ici, dit la voix. Suivez le conduit jusqu'au bout. Bonne chance.

Le conduit d'aération grimpait en pente raide. Au loin, Robbie avait l'impression de voir quelque chose. « Quand je serai tout en haut, se dit-il, je n'aurai pas intérêt à flancher, sinon... » Il sentit ses jambes trembler. Il fixa l'issue du couloir avec obstination, et cessa de penser. Le silence était revenu. Le drone était passé derrière lui, il lui avait échappé.

Le halo se précisait. Robbie se demandait depuis combien de temps il grimpait. Dix, vingt minutes. Il avait peut-être parcouru une trentaine de mètres. Ses épaules, ses genoux étaient écorchés ; il était épuisé, mais il continuait d'avancer. Il ne se savait pas capable d'un tel exploit. Il sentit sous ses doigts quelque chose de dur. Une grille de métal. Il était coincé. Sa gorge se serra. Il crut qu'il allait pleurer, et se ressaisit. Le désespoir qui le gagnait se changea en une rage terrible. Il saisit la grille et poussa de toutes ses forces.

L'acier gémit, il y eut un craquement, et la grille céda. Robbie roula sur lui-même. Ses épaules, ses reins avaient rebondi sur quelque chose de dur.

Du béton, des cailloux. Puis une lumière éblouissante envahit l'espace. Un hurlement lui déchira les tympans. Robbie bondit de côté, évitant de justesse le monstre qui s'était jeté sur lui. Le métro.

Incrédule, Robbie regardait les gens, à l'intérieur de la rame bondée, qui rentraient tranquillement chez eux, ignorant tout de ce qui se passait sous leurs pieds.

→ **6**

Robbie longea les rails, jusqu'à la station suivante. Il monta sur le quai, et marcha à travers la foule comme un somnambule. Les gens le regardaient sans oser lui parler. Il portait toujours sa tunique bleu pâle, déchirée aux coudes et aux genoux, couverte de boue, et tachée de sang.

Il s'arrêta au milieu du quai. Quelque chose avait attiré son attention. Le panneau indicateur, devant lui, venait de changer de message. À la place des horaires, on pouvait y lire le message suivant :

« Ne rentrez pas chez vous. Ne dites à personne que vous êtes vivant. Ne parlez jamais de ce que vous avez vu aujourd'hui. Bonne chance. NR809/#476806/127@rodovancomplex1/secu.org. »

Le message s'effaça aussitôt que Robbie eut fini de le lire.

Le jeune garçon au pyjama bleu ciel hocha simplement la tête. Il marcha jusqu'au bout du quai, et disparut dans la nuit du tunnel.

À la fin de ce livre,
tu trouveras trois marque-pages à découper.

ISBN 978-2-244-45861-8

www.editionslito.com

Lito
41, rue de Verdun 94500 Champigny-sur-Marne
Imprimé en UE
Loi n° 49-956 du 16 juillet 1949 sur les publications destinées à la jeunesse
Dépôt légal : mai 2009

13 LÉGENDES URBAINES

Éditions Lito

13 LÉGENDES URBAINES

Éditions Lito

13 LÉGENDES URBAINES

Éditions Lito